D0724797

LA QUESTION

HENRI ALLEG

LA QUESTION

suivi de

La torture
au cœur de la République
par
Jean-Pierre Rioux

LES ÉDITIONS DE MINUIT

ISBN 978-2-7073-2062-9

*Henri Alleg a été, de 1950 à 1955, directeur d'*Alger Républicain. *Ce journal, qui était, en Algérie, le seul quotidien ouvrant ses colonnes à toutes les tendances de l'opinion démocratique et nationale algérienne, fut interdit en septembre 1955.*

À partir de cette date, Henri Alleg multiplie les démarches pour obtenir que soit levée cette mesure d'interdiction. Celle-ci est bientôt reconnue illégale par le Tribunal administratif d'Alger, ce qui n'empêche pas les autorités de s'opposer à la reparution du journal.

En novembre 1956, pour échapper à la mesure d'internement qui frappe la plupart des collaborateurs du journal, Alleg est contraint de passer dans la clandestinité.

Il est arrêté le 12 juin 1957 par les parachutistes de la 10ᵉ D. P., qui le séquestrent à El-Biar, dans la banlieue d'Alger, pendant un mois entier.

C'est le récit de cette détention qu'il fait ici. Le livre s'achève au moment où Henri Alleg est

7

transféré au « centre d'hébergement » de Lodi. (*On sait qu'il existe en Algérie de nombreux camps : Bossuet, Paul-Cazelles, Berrouaghia..., où sont internés, sur simple décision administrative, des gens contre lesquels aucune charge n'a été retenue.*)

Du camp, Alleg fait parvenir en France une copie de la plainte qu'il a déposée fin juillet entre les mains du procureur général d'Alger : il y dénonce les tortures dont il a été victime. Cette plainte connaît un grand retentissement dans la presse française et internationale.

À partir de ce moment, les bruits les plus inquiétants circulent tous les jours à Alger sur la « disparition », « l'enlèvement » et même le « décès » d'Alleg. Et c'est seulement à la suite d'une large campagne de presse que, le 17 août – c'est-à-dire deux mois après son arrestation –, Alleg est enfin présenté à un magistrat instructeur. Depuis lors, il est incarcéré à la prison civile d'Alger. Vers le mois de novembre, il a été, comme membre du parti communiste algérien, inculpé d'atteinte à la sûreté extérieure de l'État et de reconstitution de ligue dissoute.

En revanche, encore aujourd'hui, six mois après l'ouverture de l'enquête ordonnée par le général Allard, la plainte d'Alleg est toujours « en cours d'instruction ».

Pourtant Alleg a été confronté avec les officiers et les policiers qu'il avait nommément désignés comme ses tortionnaires.

Pourtant le juge militaire, chargé d'instruire la plainte, a procédé en compagnie d'Alleg à une visite des locaux, au cours de laquelle Alleg a pu décrire de mémoire, avant d'y pénétrer, plusieurs pièces de l'immeuble d'El-Biar, en particulier la cuisine, qu'il n'aurait pas dû connaître si, comme on le prétend, l'interrogatoire s'était déroulé « normalement ».

Pourtant, il existe au dossier un certificat médical très détaillé, dressé par deux médecins, eux-mêmes internés à Lodi, qui ont examiné Henri Alleg à son arrivée au camp, le 12 juillet. Un mois après les tortures, il portait encore, nettement visibles, des marques de liens aux poignets, des cicatrices de brûlures et d'autres traces.

Pourtant de multiples dossiers ont été ouverts à la suite d'autres plaintes qui mettent en cause les mêmes officiers.

Si Alleg et son avocat demandent l'inculpation de ces tortionnaires, c'est non seulement pour que soient sanctionnés des actes intolérables, mais surtout pour empêcher que puissent se renouveler sur d'autres des pratiques aussi révoltantes.

> « En attaquant les Français corrompus,
> c'est la France que je défends. »
>
> « JEAN-CHRISTOPHE. »

Dans cette immense prison surpeuplée, dont chaque cellule abrite une souffrance, parler de soi est comme une indécence. Au rez-de-chaussée, c'est la « division » des condamnés à mort. Ils sont là quatre-vingts, les chevilles enchaînées, qui attendent leur grâce ou leur fin. Et c'est à leur rythme que nous vivons tous. Pas un détenu qui ne se retourne le soir sur sa paillasse à l'idée que l'aube peut être sinistre, qui ne s'endort sans souhaiter de toute sa force qu'il ne se passe rien. Mais c'est pourtant de leur quartier, que montent chaque jour les chants interdits, les chants magnifiques qui jaillissent toujours du cœur des peuples en lutte pour leur liberté.

Les tortures ? Depuis longtemps le mot

11

nous est à tous devenu familier. Rares sont ici ceux qui y ont échappé. Aux « entrants » à qui l'on peut adresser la parole, les questions que l'on pose sont, dans l'ordre : « Arrêté depuis longtemps ? Torturé ? Paras ou policiers ? » Mon affaire est exceptionnelle par le retentissement qu'elle a eu. Elle n'est en rien unique. Ce que j'ai dit dans ma plainte, ce que je dirai ici illustre d'un seul exemple ce qui est la pratique courante dans cette guerre atroce et sanglante.

Il y a maintenant plus de trois mois que j'ai été arrêté. J'ai côtoyé, durant ce temps, tant de douleurs et tant d'humiliations que je n'oserais plus parler encore de ces journées et de ces nuits de supplices si je ne savais que cela peut être utile, que faire connaître la vérité c'est aussi une manière d'aider au cessez-le-feu et à la paix. Des nuits entières, durant un mois, j'ai entendu hurler des hommes que l'on torturait, et leurs cris résonnent pour toujours dans ma mémoire. J'ai vu des prisonniers jetés à coups de matraque d'un étage à l'autre et qui, hébétés par la torture et les coups, ne savaient plus que murmurer en arabe les premières paroles d'une ancienne prière.

Mais, depuis, j'ai encore connu d'autres choses. J'ai appris la « disparition » de mon ami Maurice Audin, arrêté vingt-quatre heures avant moi, torturé par la même équipe qui ensuite me « prit en mains ». Disparu comme le cheikh Tebessi, président de l'Association des Oulamas, le docteur Cherif Zahar, et tant d'autres. À Lodi, j'ai rencontré mon ami de Milly, employé à l'hôpital psychiatrique de Blida, torturé par les « paras » lui aussi, mais suivant une nouvelle technique : il fut attaché, nu, sur une chaise métallique où passait le courant électrique ; il porte encore des traces profondes de brûlures aux deux jambes. Dans les couloirs de la prison, j'ai reconnu dans un « entrant » Mohamed Sefta, de la Mahakma d'Alger (la justice musulmane). « Quarante-trois jours chez les paras. Excuse-moi, j'ai encore du mal à parler : ils m'ont brûlé la langue », et il me montra sa langue tailladée. J'en ai vu d'autres : un jeune commerçant de la Casbah, Boualem Bahmed, dans la voiture cellulaire qui nous conduisait au tribunal militaire, me fit voir de longues cicatrices qu'il avait aux mollets. « Les paras, avec un couteau : j'avais hébergé un F. L. N. »

De l'autre côté du mur, dans l'aile réservée aux femmes, il y a des jeunes filles dont nul n'a parlé : Djamila Bouhired, Élyette Loup, Nassima Hablal, Melika Khene, Lucie Coscas, Colette Grégoire et d'autres encore : désha-

13

billées, frappées, insultées par des tortionnaires sadiques, elles ont subi elles aussi l'eau et l'électricité. Chacun ici connaît le martyre d'Annick Castel, violée par un parachutiste et qui, croyant être enceinte, ne songeait plus qu'à mourir.

Tout cela, je le sais, je l'ai vu, je l'ai entendu. Mais qui dira tout le reste ?

C'est aux « disparus » et à ceux qui, sûrs de leur cause, attendent sans frayeur la mort, à tous ceux qui ont connu les bourreaux et ne les ont pas craints, à tous ceux qui, face à la haine et la torture, répondent par la certitude de la paix prochaine et de l'amitié entre nos deux peuples qu'il faut que l'on pense en lisant mon récit, car il pourrait être celui de chacun d'eux.

Il était 16 heures lorsque le lieutenant de parachutistes Charbonnier, accompagné d'un de ses hommes et d'un gendarme, arriva chez Audin pour me prendre en charge. La veille de ce mercredi 12 juin, mon ami Maurice Audin, assistant à la Faculté des Sciences d'Alger, avait été arrêté à son domicile et la police y avait laissé un inspecteur. C'est lui qui m'ouvrit la porte lorsque je tombai dans la souricière. J'avais tenté, sans succès, de m'échapper, mais le policier, revolver au poing, m'avait rattrapé au premier étage et nous étions remontés dans l'appartement. Très nerveux, l'inspecteur, tout en me surveillant du coin de l'œil, avait téléphoné au centre des paras pour demander un renfort immédiat.

Dès le moment où le lieutenant entra dans la pièce, je sus ce qui m'attendait. Coupé par un immense béret, son petit visage bien rasé, triangulaire et anguleux comme celui d'un fennec, souriait, les lèvres pincées. « Excellente prise, dit-il en détachant les syllabes ; c'est Henri Alleg, l'ancien directeur d'*Alger Républicain*. » Et puis immédiatement, s'adressant à moi :

« Qui vous héberge ?

– Ça, je ne vous le dirai pas ! »

Sourire et hochement de tête, puis, très sûr de lui : « Nous allons vous préparer un petit interrogatoire tout à l'heure qui vous suffira. Vous répondrez, je vous le promets. Mettez-lui les menottes. »

Tenu par le para, je descendis les trois étages jusqu'à la rue. La voiture du lieutenant, une Aronde, nous attendait, rangée de l'autre côté. On me fit asseoir, à l'arrière. Le para était à côté de moi : le canon de sa mitraillette me heurtait les côtes : « Il y en a un bon tas là-dedans pour vous, si vous faites le con. »

Nous filions vers les hauteurs de la ville. Après une courte halte devant une villa (sans doute un P. C. des paras), où entra seul Charbonnier, nous continuâmes à monter vers Châteauneuf par le boulevard Clemenceau. Finalement, la voiture s'arrêta après la place d'El-Biar, devant un grand immeuble en construction.

Je traversai une cour encombrée de jeeps et de camions militaires et j'arrivai devant l'entrée du bâtiment inachevé. Je montai :

16

Charbonnier était devant, le para derrière moi. Les fers du ciment armé apparaissaient çà et là dans la maçonnerie ; l'escalier n'avait pas de rampe, des plafonds gris pendaient les fils d'une installation électrique hâtive.

D'un étage à l'autre, c'était un remue-ménage incessant de paras, qui montaient et descendaient, chassant devant eux des Musulmans, prisonniers déguenillés, barbus de plusieurs jours, le tout dans un grand bruit de bottes, d'éclats de rire, de grossièretés et d'insultes entremêlés. J'étais au « centre de tri du sous-secteur de la Bouzaréah ». J'allais apprendre bientôt comment s'effectuait ce « tri ».

Derrière Charbonnier, j'entrai dans une grande pièce du troisième ou du quatrième étage : la salle de séjour du futur appartement. Quelques tables démontables ; au mur, des photos racornies de suspects recherchés, un téléphone de campagne : c'était tout l'ameublement. Près de la fenêtre, un lieutenant. Je sus par la suite qu'il se nommait Érulin. Un grand corps d'ours, bien trop grand pour cette petite tête aux yeux bridés de poupon mal réveillé et pour la petite voix pointue qui en sortait, une voix un peu mielleuse et zozotante d'enfant de chœur vicieux.

« Nous allons vous donner une chance, dit Charbonnier, tourné vers moi. Voici du papier et un crayon. Vous allez nous dire où vous habitez, qui vous a hébergé depuis votre passage à la clandestinité, quelles sont les personnes que vous avez rencontrées, quelles ont été vos activités... »

Le ton restait poli. On m'avait enlevé les menottes. Je répétai pour les deux lieutenants ce que j'avais dit à Charbonnier durant le trajet en voiture : « Je suis passé dans la clandestinité pour ne pas être arrêté, car je savais que je faisais l'objet d'une mesure d'internement. Je m'occupais et je m'occupe encore des intérêts de mon journal. À ce sujet, j'ai rencontré à Paris MM. Guy Mollet et Gérard Jacquet. Je n'ai pas à vous en dire davantage. Je n'écrirai rien et ne comptez pas sur moi pour dénoncer ceux qui ont eu le courage de m'héberger. »

Toujours souriants et sûrs d'eux-mêmes, les deux lieutenants se consultèrent du regard.

« Je crois qu'il est inutile de perdre notre temps », dit Charbonnier. Érulin approuva. Dans le fond, c'était aussi mon avis : si je devais être torturé, que ce soit plus tôt ou plus tard, quelle importance ? Et plutôt que d'attendre, il valait mieux affronter le plus dur tout de suite.

Charbonnier était au téléphone : « Préparez une équipe : c'est pour une "grosse légume", et dites à Lorca de monter. » Quelques instants plus tard, Lorca entrait dans la pièce.

18

Vingt-cinq ans, petit, basané, le nez busqué, les cheveux gominés, le front étroit. Il s'approcha de moi et dit en souriant : « Ah ! c'est lui, le client ? Venez avec moi. » Je passai devant lui. Un étage plus bas, j'entrai dans une petite pièce à gauche du couloir : la cuisine du futur appartement. Un évier, un potager de faïence, surmontés d'une hotte dont les vitres n'étaient pas encore placées : seule était posée la structure métallique. Au fond, une porte-fenêtre camouflée de cartons rapiécés qui obscurcissaient la pièce.

« Déshabillez-vous », dit Lorca, et comme je n'obéissais pas : « Si vous ne voulez pas, on le fera de force. »

Tandis que je me déshabillais, des paras allaient et venaient autour de moi et dans le couloir, curieux de connaître le « client » de Lorca. L'un d'eux, blondinet à l'accent parisien, passa la tête à travers le cadre sans vitre de la porte : « Tiens, c'est un Français ! Il a choisi les "ratons" contre nous ? Tu vas le soigner, hein, Lorca ! »

Lorca installait maintenant sur le sol une planche noire, suintante d'humidité, souillée et gluante des vomissures laissées sans doute par d'autres « clients ».

« Allez, couchez-vous ! » Je m'étendis sur la

planche, Lorca, aidé d'un autre, m'attacha par les poignets et les chevilles avec des lanières de cuir fixées au bois. Je voyais Lorca debout au-dessus de moi, les jambes écartées, un pied de chaque côté de la planche à la hauteur de ma poitrine, les mains aux hanches, dans l'attitude du conquérant. Il me fixait droit dans les yeux, essayant comme ses chefs de m'intimider.

« Écoutez, dit-il avec un accent d'Oranie, le lieutenant vous laisse réfléchir un peu, mais après vous allez parler. Quand on pique un Européen, on le soigne mieux que les "troncs". Tout le monde parle. Faudra tout nous dire – et pas seulement un petit morceau de la vérité, hein, mais tout ! »

Pendant ce temps, autour de moi, des « bérets bleus » faisaient assaut d'esprit :

« Pourquoi que tes copains ils ne viennent pas te détacher ? »

« Tiens, qu'est-ce qu'il fait étendu là-dessus, celui-là ? De la relaxation ? »

Un autre, plus hargneux : « Faudrait pas perdre son temps avec des mecs comme ça. Moi, je les descendrais tout de suite. »

Du bas de la fenêtre soufflait un courant d'air glacé. Nu sur la planche humide, je commençais à trembler de froid. Alors Lorca, souriant : « Vous avez peur ? Vous voulez parler ?

– Non, je n'ai pas peur, j'ai froid.

20

– Vous faites le fanfaron, hein ? Ça va vous passer. Dans un quart d'heure, vous allez parler gentiment. »

Je restai là au milieu des paras qui plaisantaient et m'insultaient, sans répondre, m'efforçant de rester le plus calme possible.

Enfin je vis entrer dans la pièce Charbonnier, Érulin et un capitaine. Grand, maigre, les lèvres pincées, la joue balafrée, élégant et muet : le capitaine Devis.

« Alors vous avez réfléchi ? » C'était Charbonnier qui me posait la question.

– Je n'ai pas changé d'avis.

– Bon, il l'aura cherché », et, s'adressant aux autres : « Il vaut mieux aller dans la pièce à côté, il y a de la lumière, on sera mieux pour travailler. »

Quatre paras saisissant la planche sur laquelle j'étais attaché me transportèrent ainsi dans la pièce voisine, face à la cuisine, et me déposèrent sur le ciment. Les officiers s'installaient autour de moi, assis sur des paquetages apportés par leurs hommes. « Ah ! dit Charbonnier, toujours très sûr du résultat escompté, il me faut du papier et un carton ou quelque chose de dur en-dessous pour pouvoir écrire. » On lui tendit une planchette qu'il posa à côté de lui. Puis, prenant des mains de Lorca une magnéto que celui-ci lui tendait, il l'éleva à la hauteur de mes yeux et me dit, retournant l'appareil déjà cent fois décrit par les suppliciés : « Tu connais ça, n'est-ce pas ? Tu en as souvent entendu parler ? Tu as même écrit des articles là-dessus ?

– Vous avez tort d'employer de telles méthodes. Vous verrez. Si vous avez de quoi m'inculper, transférez-moi à la justice : vous avez vingt-quatre heures pour cela. Et vous n'avez pas à me tutoyer. »

Éclats de rire autour de moi.

Je savais bien que ces protestations ne servaient à rien et que, dans ces circonstances, en appeler au respect de la légalité devant ces brutes était ridicule, mais je voulais leur montrer qu'ils ne m'avaient pas impressionné.

« Allez », dit Charbonnier.

Un para s'assit sur ma poitrine : très brun, la lèvre supérieure retroussée en triangle sous le nez, un grand sourire de gosse qui va faire une bonne farce... Je devais le reconnaître plus tard dans le bureau du juge au cours d'une confrontation. C'était le sergent Jacquet. Un autre para (Oranais sans doute, d'après son accent) était à ma gauche, un autre aux pieds, les officiers tout autour et, dans la pièce, d'autres encore, sans tâche précise, mais désireux sans doute d'assister au spectacle.

Jacquet, toujours souriant, agita d'abord devant mes yeux les pinces qui terminaient les électrodes. Des petites pinces d'acier brillant, allongées et dentelées. Des pinces « crocodiles », disent les ouvriers des lignes téléphoniques qui les utilisent. Il m'en fixa une au lobe de l'oreille droite, l'autre au doigt du même côté.

D'un seul coup, je bondis dans mes liens et hurlai de toute ma voix. Charbonnier venait de m'envoyer dans le corps la première décharge électrique. Près de mon oreille avait jailli une longue étincelle et je sentis dans ma poitrine mon cœur s'emballer. Je me tordais en hurlant et me raidissais à me blesser, tandis que les secousses commandées par Charbonnier, magnéto en mains, se succédaient sans arrêt. Sur le même rythme, Charbonnier scandait une seule question en martelant les syllabes : « Où es-tu hébergé ? »

Entre deux secousses, je me tournai vers lui

pour lui dire : « Vous avez tort, vous vous en repentirez ! » Furieux, Charbonnier tourna à fond le rhéostat de sa magnéto : « Chaque fois que tu me feras la morale, je t'enverrai une giclée ! » et tandis que je continuais à crier, il dit à Jacquet : « Bon Dieu, qu'il est gueulard ! Foutez-lui un bâillon ! » Roulant ma chemise en boule, Jacquet me l'enfonça dans la bouche et le supplice recommença. Je serrai de toutes mes forces le tissu entre mes dents et j'y trouvai presque un soulagement.

Brusquement, je sentis comme la morsure sauvage d'une bête qui m'aurait arraché la chair par saccades. Toujours souriant au-dessus de moi, Jacquet m'avait branché la pince au sexe. Les secousses qui m'ébranlaient étaient si fortes que les lanières qui me tenaient une cheville se détachèrent. On arrêta pour les rattacher et on continua.

Bientôt le lieutenant prit le relais de Jacquet. Il avait dégarni un fil de sa pince et le déplaçait sur toute la largeur de ma poitrine. J'étais tout entier ébranlé de secousses nerveuses de plus en plus violentes et la séance se prolongeait. On m'avait aspergé d'eau pour renforcer encore l'intensité du courant et, entre deux « giclées », je tremblais aussi de froid. Autour de moi, assis sur les paquetages, Charbonnier et ses amis vidaient des bouteilles de bière. Je mordais mon bâillon pour échapper à la crampe qui me tordait tout le corps. En vain.

Enfin, ils s'arrêtèrent. « Allez, détachez-le ! » La première « séance » était terminée.

Je me relevai en titubant, remis mon pantalon et ma veste. Érulin était devant moi. Ma cravate était sur la table. Il la prit, me la noua comme une corde autour du cou et, au milieu des rires, me traîna, comme il aurait traîné un chien, derrière lui, jusqu'au bureau contigu.

« Alors, me dit-il, ça ne te suffit pas ? On ne te lâchera pas. À genoux ! » De ses énormes battoirs, il me giflait à toute volée. Je tombai à genoux, mais j'étais incapable de me maintenir droit. J'oscillais tantôt à gauche, tantôt à droite : les coups d'Érulin rétablissaient l'équilibre quand ils ne me jetaient pas contre le sol : « Alors, tu veux parler ? Tu es foutu, tu entends. Tu es un mort en sursis ! »

« Amenez Audin, dit Charbonnier, il est dans l'autre bâtiment. » Érulin continuait à me frapper, tandis que l'autre, assis sur une table, assistait au spectacle. Mes lunettes avaient depuis longtemps voltigé. Ma myopie renforçait encore l'impression d'irréel, de cauchemar que je ressentais et contre laquelle je m'efforçais de lutter, dans la crainte de voir se briser ma volonté.

« Allez, Audin, dites-lui ce qui l'attend. Évitez-lui les horreurs d'hier soir ! » C'était Charbonnier qui parlait. Érulin me releva la tête. Au-dessus de moi, je vis le visage blême et hagard de mon ami Audin qui me contemplait tandis que j'oscillais sur les genoux. « Allez, parlez-lui », dit Charbonnier.

« C'est dur, Henri », dit Audin. Et on le remmena.

Brusquement, Érulin me releva. Il était hors de lui. Cela durait trop. « Écoute, salaud ! Tu es foutu ! Tu vas parler ! Tu entends, tu vas parler ! » Il tenait son visage tout près du mien, il me touchait presque et hurlait : « Tu vas parler ! Tout le monde doit parler ici ! On a fait la guerre en Indochine, ça nous a servi pour vous connaître. Ici, c'est la Gestapo ! Tu connais la Gestapo ? » Puis, ironique : « Tu as fait des articles sur les tortures, hein, salaud ! Eh bien ! maintenant, c'est la 10e D. P. qui les fait sur toi. » J'entendis derrière moi rire l'équipe des tortionnaires. Érulin me martelait le visage de gifles et le ventre de coups de genou. « Ce qu'on fait ici, on le fera en France. Ton Duclos et ton Mitterrand, on leur fera ce qu'on te fait, et ta putain de République, on la foutra en l'air aussi ! Tu vas parler, je te dis. » Sur la table, il y avait un morceau de carton dur. Il le prit et s'en servit pour me battre. Chaque coup m'abrutissait davantage mais en même temps me raffermissait dans ma décision : ne pas céder à ces brutes qui se flattaient d'être les émules de la Gestapo.

« Bon, dit Charbonnier, tu l'auras voulu ! On va te livrer aux fauves. » Les « fauves », c'étaient ceux que je connaissais déjà, mais qui allaient déployer plus largement leurs talents.

Érulin me traîna vers la première pièce, celle où se trouvaient la planche et la magnéto. J'eus le temps d'apercevoir un Musulman nu qu'on relevait à coups de pied et qu'on chassait dans le couloir. Pendant qu'Érulin, Charbonnier et les autres s'occupaient de moi, le reste de l'équipe avait poursuivi son « travail » avec la planche et la magnéto disponibles. Ils avaient « interrogé » un suspect pour ne pas perdre de temps.

Lorca m'attacha sur la planche : une nouvelle séance de torture électrique débutait. « Ce coup-ci, c'est la grosse Gégène », dit-il. Dans les mains de mon tortionnaire, je vis un appareil plus gros, et dans la souffrance même je sentis une différence de qualité. Au lieu des morsures aiguës et rapides qui semblaient me déchirer le corps, c'était maintenant une douleur plus large qui s'enfonçait profondément dans tous mes muscles et les tordait plus longuement. J'étais crispé dans mes liens, je serrais les mâchoires sur mon bâillon et gardais les yeux fermés. Ils s'arrêtèrent, mais je continuais à trembler nerveusement.

« Tu sais nager ? dit Lorca, penché sur moi. On va t'apprendre. Allez, au robinet ! »

Soulevant ensemble la planche sur laquelle j'étais toujours attaché, ils me transportèrent ainsi dans la cuisine. Là, ils posèrent sur l'évier l'extrémité du bois où se trouvait ma tête. Deux ou trois paras tenaient l'autre bout. La cuisine n'était éclairée que par la vague lumière du couloir. Dans la pénombre, je distinguai Érulin, Charbonnier et le capitaine Devis qui semblait avoir pris la direction des opérations. Au robinet nickelé qui luisait au-dessus de mon visage, Lorca fixait un tuyau de caoutchouc. Il m'enveloppa ensuite la tête d'un chiffon, tandis que Devis lui disait : « Mettez-lui un taquet dans la bouche. » Au travers du tissu, Lorca me pinçait le nez. Il cherchait à m'enfoncer un morceau de bois entre les lèvres pour que je ne puisse fermer la bouche ou rejeter le tuyau.

Quand tout fut prêt, il me dit : « Quand tu voudras parler, tu n'auras qu'à remuer les doigts. » Et il ouvrit le robinet. Le chiffon s'imbibait rapidement. L'eau coulait partout : dans ma bouche, dans mon nez, sur tout mon visage. Mais pendant un temps je pus encore aspirer quelques petites gorgées d'air. J'essayais en contractant le gosier, d'absorber le moins possible d'eau et de résister à l'asphyxie en retenant le plus longtemps que je pouvais l'air dans mes poumons. Mais je ne pus tenir plus de quelques instants. J'avais l'impression de me noyer et une angoisse terrible, celle de la mort elle-même, m'étreignit. Malgré moi, tous les muscles de mon corps se bandaient inutilement pour m'arracher à l'étouffement. Malgré moi, les doigts de mes deux mains s'agitèrent follement. « Ça y est ! Il va parler » dit une voix.

L'eau s'arrêta de couler, on m'enleva le chiffon. Je respirai. Dans l'ombre, je voyais les lieutenants et le capitaine, cigarette aux lèvres, frapper à tour de bras sur mon ventre pour me faire rejeter l'eau absorbée. Grisé par l'air que je respirais, je sentais à peine les coups. « Alors ? » Je restai silencieux. « Il s'est foutu de nous ! Remettez-lui la tête dessous ! »

Cette fois, je fermai les poings à m'enfoncer les ongles dans la paume. J'étais décidé à ne plus remuer les doigts. Autant mourir asphyxié du premier coup. J'appréhendais de retrouver ce moment terrible où je m'étais senti sombrer dans l'inconscience, tandis qu'en même temps je me débattais de toutes mes forces pour ne pas mourir. Je ne remuai plus les doigts mais, à trois reprises, je connus encore cette angoisse insupportable. *In extremis,* ils me laissaient reprendre mon souffle pendant qu'ils me faisaient rejeter l'eau.

Au dernier passage, je perdis connaissance.

En ouvrant les yeux, je mis quelques secondes à reprendre contact avec la réalité. J'étais étendu, détaché et nu, au milieu des paras. Je vis Charbonnier penché sur moi. « Ça va, dit-il aux autres, il revient. » Et s'adressant à moi : « Tu sais, tu as bien failli y rester. Ne crois pas que tu vas toujours pouvoir t'évanouir... Lève-toi ! » Ils me mirent debout. Je titubais, m'accrochais à l'uniforme même de mes bourreaux, prêt à m'écrouler à tout moment. Avec des gifles et des coups de pied ils me jetaient comme une balle de l'un à l'autre. J'esquissai un mouvement de défense. « Il a encore du réflexe... la vache », dit quelqu'un.

« Et maintenant, qu'est-ce qu'on va lui faire ? » dit un autre. Entre les rires, j'entendis : « On va le roussir. » – « Tiens, je n'ai jamais vu ça. » C'était Charbonnier du ton de quelqu'un qui va faire une nouvelle expérience.

On me poussa dans la cuisine et là on me fit allonger sur le potager et l'évier. Lorca m'entoura les chevilles d'un chiffon mouillé, puis les attacha fortement avec une corde. Tous

30

ensemble, ensuite, ils me soulevèrent pour m'accrocher, la tête en bas, à la barre de fer de la hotte au-dessus de l'évier. Seuls mes doigts touchaient le sol. Ils s'amusèrent pendant un moment à me balancer de l'un à l'autre, comme un sac de sable. Je vis Lorca qui allumait lentement une torche de papier à la hauteur de mes yeux. Il se releva et tout à coup je sentis la flamme sur le sexe et sur les jambes, dont les poils s'enflammèrent en grésillant. Je me redressai d'un coup de reins si violent que je heurtai Lorca. Il recommença une fois, deux fois, puis se mit à me brûler la pointe d'un sein.

Mais je ne réagissais plus suffisamment, et les officiers s'éloignèrent. Seuls restaient à mes côtés Lorca et un autre. De temps en temps ils se remettaient à me frapper ou m'écrasaient de leurs bottes l'extrémité des doigts, comme pour me rappeler leur présence. Les yeux ouverts, je m'efforçais de les surveiller pour ne pas être surpris par leurs coups, et dans les moments de répit, j'essayais de penser à autre chose qu'à mes chevilles cisaillées par la corde.

Enfin, du couloir, deux bottes marchèrent vers mon visage. Je vis la figure renversée de Charbonnier accroupi qui me fixait : « Alors, tu parles ? Tu n'as pas changé d'avis ? » Je le regardai et ne répondis pas. « Détachez-le. »

Lorca libéra la corde qui me liait à la barre tandis que l'autre me tirait par le bras. Je tombai à plat sur le ciment. « Lève-toi ! » Je n'y arrivai pas tout seul. Soutenu de chaque côté, je sentais la plante de mes pieds enflée au point de me donner l'impression que chacun de mes pas s'enfonçait dans un nuage. Je remis ma veste et mon pantalon et je dégringolai jusqu'au bas d'un escalier.

Là, un autre para me releva et me plaqua le dos contre le mur en me retenant des deux mains. Je tremblais de froid, d'épuisement nerveux, je claquais des dents. Le compagnon de Lorca – celui qui s'était « occupé » de moi à la cuisine – était arrivé sur le palier. « Marche ! » dit-il. Il me poussa devant lui et, d'un coup de pied, me jeta par terre. « Tu ne vois pas qu'il est groggy, dit l'autre avec un accent de France : fous-lui la paix ! » C'étaient les premières paroles humaines que j'entendais. « Des mecs comme ça, il faudrait les bousiller tout de suite », répondit mon tortionnaire. Je tremblais sur mes jambes et pour ne pas tomber, je m'appuyais des paumes et du front contre le mur du couloir. Il me fit mettre les mains derrière le dos et m'attacha les poignets avec une fine cordelette, puis me jeta dans une cellule.

À genoux, j'avançai vers une paillasse tout contre le mur. J'essayai de m'y étendre sur le ventre, mais elle était couturée de toutes parts de fil de fer barbelé. Derrière la porte, j'entendis rire : « Je l'ai mis avec la paillasse à fil de fer barbelé. » C'était toujours le même. Une voix lui répondit : « Il a quand même gagné une nuit pour donner à ses copains le temps de se tirer. »

Les cordelettes m'entraient dans la chair, mes mains me faisaient mal et la position dans laquelle mes bras étaient maintenus me brisait les épaules. Je frottai le bout de mes doigts contre le ciment brut pour les faire saigner et dégager un peu la pression dans mes mains gonflées, mais je n'y réussis pas.

D'une lucarne, dans le haut du mur, je voyais la nuit s'éclaircir. J'entendis un coq chanter et je calculai que paras et officiers, fatigués par leur nuit, ne pourraient revenir avant neuf heures au moins ; qu'il me fallait donc utiliser au mieux tout ce temps pour reprendre des forces avant le prochain « interrogatoire ». Tantôt sur une épaule, tantôt sur l'autre, j'essayais de me décontracter, mais mon corps refusait de se calmer. Je tremblais constamment et je ne pus trouver un moment de repos. Je frappai avec le pied à plusieurs reprises contre la porte. Enfin, on vint. « Qu'est-ce que tu veux ? » Je voulais aller uriner. « Pisse sur toi », me répondit-on de derrière la cloison.

Il faisait déjà jour quand un para, celui-là même qui avait trouvé excessive la brutalité de son collègue, apparut et me dit : « Allez, on déménage. » Il m'aida à me lever et me soutint tandis que nous montions les escaliers.

Ils aboutissaient à une immense terrasse. Le soleil y brillait déjà fort, et au-delà du bâtiment on découvrait tout un quartier d'El-Biar. Par les descriptions que j'en avais lues, je me rendis compte d'un coup que j'étais dans l'immeuble des paras où Ali Boumendjel, avocat à la Cour d'appel d'Alger, était mort. C'était de cette terrasse que les tortionnaires avaient prétendu qu'il s'était jeté pour « se suicider ». Nous descendîmes par un autre escalier dans l'autre partie de la maison, puis mon geôlier m'enferma dans une petite pièce obscure. C'était un cachot, presque un placard, où la lumière du jour n'entrait jamais. Seule une étroite lucarne, située en haut du mur et donnant sur une cheminée d'aération, laissait pénétrer quelques lueurs. J'avançai en rampant comme je pouvais vers un coin pour y appuyer mon dos et soulager mes épaules tordues par des crampes.

Bientôt, la circulation devint plus intense dans les couloirs : la maison s'animait et je m'apprêtai à voir revenir mes bourreaux. Mais Érulin apparut tout seul. Il m'empoigna par les épaules pour m'aider à me mettre debout et me conduisit jusqu'au palier : « Le voilà, mon commandant », dit-il. Devant moi se tenait un commandant de paras en uniforme de « camouflage » et béret bleu. Il était long et cassé, extrêmement maigre. D'un air doux et ironique, il me dit : « Vous êtes journaliste ? Alors vous devez comprendre que nous voulons être informés. Il faudra nous informer. » Il avait seulement voulu faire ma connaissance : on me ramena dans mon placard. Je n'y restai pas longtemps seul, car, quelques instants plus tard, Érulin reparaissait. Il était cette fois accompagné de Charbonnier et d'un porteur de magnéto. Du seuil de la porte, ils me regardaient : « Tu ne veux toujours pas parler ? Tu sais, nous, on ira jusqu'au bout. » J'étais adossé au mur face à la porte. Ils étaient entrés, avaient allumé et s'étaient installés en demi-cercle autour de moi.

« Il me faut un bâillon », dit Charbonnier. Il plongea la main dans un des paquetages qui se trouvaient là et en sortit une serviette crasseuse.

« Laisse tomber, dit Érulin. Il peut gueuler, on est au troisième sous-sol. »

« Quand même, dit Charbonnier, c'est désagréable. »

Ils dégrafèrent mon pantalon, baissèrent

mon slip et m'accrochèrent les électrodes de chaque côté de l'aine. Ils se relayaient pour tourner la manivelle de la magnéto – une grosse « gégène ». Je ne criais qu'au début de la secousse et à chaque « reprise » du courant, et mes mouvements étaient beaucoup moins violents que lors des premières séances. Ils devaient s'y attendre, puisqu'ils n'avaient pas jugé nécessaire de m'attacher sur la planche. Tandis que le supplice se poursuivait, j'entendais un haut-parleur hurler des chansons à la mode. Sans doute la musique venait-elle d'un mess ou d'un foyer installé tout près. Elle couvrait largement mes cris et c'étaient ces dispositions qu'Érulin baptisait « troisième sous-sol ». La séance de torture se prolongeait et je m'épuisais. Je tombais tantôt à droite, tantôt à gauche. L'un des deux lieutenants détachait alors une pince et me piquait au visage jusqu'à ce que je me redresse. « Ma parole, dit Charbonnier, il aime ça. » Ils durent se consulter et décider qu'il me fallait récupérer. « Laisse-lui les fils branchés, dit Érulin, puisqu'on revient. » Ils m'abandonnèrent avec les pinces dans la chair et sortirent.

Je dus m'endormir d'un coup, car, lorsque je les revis, j'eus l'impression qu'un instant seulement s'était écoulé. Et à partir de là, je n'eus plus aucune notion du temps.

Érulin entra le premier dans la pièce et me lança un coup de pied en me disant : « Assis ! » Je ne bougeai pas. Il m'empoigna et m'adossa dans un angle. Un moment après, je me tordais à nouveau sous l'effet du courant. Je sentais que cette résistance les rendait de plus en plus brutaux et nerveux.

« On va le lui foutre dans la bouche, dit Érulin. Ouvre la bouche », commanda-t-il. Pour me forcer à obéir, il me serra les narines et, au moment où j'ouvrais la bouche pour respirer, il m'enfonça le fil dénudé très loin, jusqu'au fond du palais, tandis que Charbonnier mettait en branle la magnéto. Je sentais l'intensité du courant grandir et à mesure ma gorge, mes mâchoires, tous les muscles de mon visage, jusqu'à mes paupières se contracter dans une crispation de plus en plus doulou-reuse.

C'était Charbonnier qui tenait maintenant le fil. « Tu peux lâcher, lui dit Érulin, ça tient tout seul. » En effet, mes mâchoires étaient soudées sur l'électrode par le courant, il m'é-tait impossible de desserrer les dents, quelque effort que je fasse. Mes yeux, sous les pau-pières crispées, étaient traversés d'images de feu, de dessins géométriques lumineux, et je croyais les sentir s'arracher par saccades de leurs orbites, comme poussés de l'intérieur. Le

courant avait atteint sa limite et, parallèle-
ment, ma souffrance aussi. Elle était comme
étale, et je pensai qu'ils ne pourraient pas me
faire plus mal. Mais j'entendis Érulin dire à
celui qui actionnait la magnéto : « Par petits
coups : tu ralentis, puis tu repars... » Je sentis
l'intensité diminuer, les crampes qui raidis-
saient tout mon corps décroître et, d'un seul
coup, comme l'autre faisait donner à plein la
magnéto, le courant m'écarteler de nouveau.
Pour échapper à ces chutes brusques et à ces
remontées aiguës vers le sommet du supplice,
de toutes mes forces je me mis à me frapper
la tête contre le sol et chaque coup m'apportait un soulagement. Érulin, tout près de mon
oreille, me criait : « Ne cherche pas à t'assom-
mer, tu n'y arriveras pas. »

Enfin, ils s'arrêtèrent. Devant mes yeux
s'agitaient encore des traits et des points de
lumière et dans mes oreilles résonnait le bruit
d'une roulette de dentiste.

Au bout d'un instant, je les distinguai tous
trois debout devant moi. « Alors ? », dit Charbonnier. Je ne répondis pas.

« Bon Dieu ! », dit Érulin. Et, à toute volée,
il me gifla.

« Écoute, dit Charbonnier, plus calme, à
quoi ça te sert, tout ça ? Toi, tu ne veux rien
dire, alors on va prendre ta femme. Tu crois

qu'elle tiendra le coup ? » Érulin, à son tour, se pencha sur moi : « Tu crois que tes gosses sont à l'abri parce qu'ils sont en France ? On les fera venir quand on voudra. »

Dans ce cauchemar, je ne séparais plus qu'avec difficulté les menaces qu'il fallait prendre au sérieux, du chantage gratuit. Mais je savais qu'ils étaient capables de torturer Gilberte, comme ils l'avaient fait avec Gabrielle Gimenez, Blanche Moine, Élyette Loup et d'autres jeunes femmes. J'ai appris plus tard qu'ils avaient même torturé Mme Touri (la femme d'un acteur bien connu de Radio-Alger) devant son mari, pour qu'il parle. Je craignais qu'ils ne devinent l'angoisse qui m'envahissait à la pensée qu'ils pourraient effectivement mettre leurs menaces à exécution et j'entendis presque avec soulagement l'un d'eux dire : « Il s'en fout, il se fout de tout. »

Ils m'abandonnèrent, mais l'idée que Gilberte pouvait à tout moment être attachée sur la planche des supplices ne pouvait plus me quitter.

Charbonnier revint un peu plus tard avec un autre para. Ils me branchèrent à nouveau puis ressortirent. J'avais maintenant l'impres-

sion qu'ils allaient et venaient continuellement, ne me laissant que quelques moments
de répit pour récupérer. Je revois Charbonnier
promenant son fil sur ma poitrine en scandant
continuellement la même question : « Où as-tu
pas-sé la nuit a-vant ton ar-res-ta-tion ? » Ils me
mirent sous les yeux la photo d'un dirigeant
du Parti recherché : « Où est-il ? » Je regardai
Charbonnier, cette fois accompagné d'Érulin.
Il était en civil, très élégant. Comme je me
râclais la gorge, il s'écarta de moi : « Attention,
dit-il, il va cracher.

— Qu'est-ce que ça peut foutre ? dit l'autre.

— Je n'aime pas ça, ce n'est pas hygiéni-
que. »

Il était pressé, il avait peur de se salir. Il se
mit debout et se prépara à sortir. Je pensai
qu'il devait aller à quelque soirée et que par
conséquent une autre journée au moins s'était
écoulée depuis mon arrestation. Et je fus soudain heureux à l'idée que les brutes ne
m'avaient pas vaincu.

Érulin partit aussi, mais je ne restai pas
longtemps seul. Dans la cellule obscure, on
poussa un Musulman. La porte ouverte un
moment laissa passer un rayon de lumière.
J'entrevis sa silhouette : il était jeune, correctement habillé : il avait les menottes aux poignets. Il s'avança à tâtons et s'installa à côté

de moi. De temps à autre j'étais secoué de tremblements et je sursautais en gémissant, comme si la torture de l'électricité me poursuivait encore. Il me sentit frissonner et tira ma veste pour couvrir mes épaules glacées. Il me soutint pour que je puisse me mettre à genoux et uriner contre le mur, puis m'aida à m'étendre. « Repose-toi, mon frère, repose-toi », me dit-il. Je résolus de lui dire : « Je suis Alleg, l'ancien directeur d'*Alger Républicain*. Dis dehors, si tu peux, que je suis mort ici. » Mais il me fallait faire un effort et je n'en eus pas le temps. La porte s'ouvrit brusquement et j'entendis quelqu'un dire du couloir : « Pourquoi est-ce qu'on l'a foutu ici, celui-là ? » Et ils l'emmenèrent.

Un peu plus tard, on entra encore. Deux paras. Une torche électrique fut braquée sur mon visage. Je m'attendais à des coups, mais ils ne me touchèrent pas. J'essayais en vain de distinguer à qui j'avais affaire, mais j'entendis seulement une voix jeune dire : « C'est horrible, n'est-ce pas ? » et l'autre répondre : « Oui, c'est terrible ». Et ils partirent.

Enfin on alluma brusquement l'électricité. C'étaient deux hommes de l'équipe Érulin. « Il n'a toujours rien dit ? » – « T'en fais pas, dans cinq minutes il va parler. » – « Ah, dit le second, tu as dit ton truc au lieutenant ? »

– « Oui. » Je compris que j'allais connaître de nouveaux supplices.

Érulin parut derrière eux. Il se pencha sur moi, me releva et m'adossa contre le mur. Il ouvrit ma veste et s'installa en face de moi, ses jambes maintenant les miennes écartées sur le sol. Il sortit une boîte d'allumettes de la poche de son uniforme, en frotta une et très lentement la passa devant mes yeux pour voir si je suivais la flamme et si j'avais peur. Puis toujours avec des allumettes, il se mit à me brûler le bout d'un sein, puis l'autre. « Vas-y, toi ! » Il s'adressait à un de ses adjoints. Celui-ci enflammait des torches de papier toutes préparées et me chauffait la plante des pieds. Je ne bougeai pas et n'articulai plus un cri : j'étais devenu tout à fait insensible, et, tandis qu'Érulin me brûlait, je pouvais le regarder sans ciller. Furieux, il me frappait au bas-ventre et hurlait : « Tu es foutu. Foutu. Tu entends ? Tu parles ? Oui ou merde ! Tu voudrais bien que je te butte tout de suite, hein ? Mais ce n'est pas fini. Tu sais ce que c'est que la soif ? Tu vas crever de soif ! »

Le courant avait desséché ma langue, mes lèvres, ma gorge, rêches et dures comme le bois. Érulin devait savoir que le supplice électrique crée une soif insupportable. Il avait abandonné ses allumettes et dans la main il tenait un quart et un récipient de zinc. « Ça fait deux jours que tu n'as pas bu. Encore quatre avant de crever. C'est long, quatre jours ! Tu lècheras ta pisse. » À la hauteur de mes yeux ou près de mon oreille, il faisait couler dans le quart un filet d'eau et répétait : « Tu parles et tu bois... Tu parles et tu bois. » Avec le bord du quart, il m'entr'ouvrait les lèvres. Il n'y avait laissé qu'un doigt de liquide et je voyais l'eau fraîche s'agiter au fond, mais je ne pouvais en absorber une goutte. Tout près de mon visage, Érulin riait de mes efforts inutiles et épuisants. « Dites aux gars de venir voir le supplice de Tantale », dit-il en plaisantant. Dans l'encadrement de la porte surgirent d'autres paras et, malgré l'abrutissement dans lequel je me débattais, je relevai la tête et refusai de regarder l'eau pour ne pas donner ma souffrance en spectacle à ces brutes.

« Ah ! on n'est pas si vache que ça. On va quand même t'en donner. » Et il porta à mes lèvres le quart plein à ras bord. J'hésitai un moment ; alors, me pinçant les narines et poussant ma tête en arrière, il me versa le contenu du quart dans la bouche : c'était de l'eau atrocement salée.

Il y eut une nouvelle interruption : des minutes ou des heures, et Devis, le capitaine, parut à son tour. Avec lui, Lorca, Érulin et ce

43

grand parachutiste qui avait participé aux séances du mercredi. Ils m'adossèrent contre le mur et Lorca me brancha les pinces à l'oreille et au doigt. À chaque secousse, je sursautais mais sans crier, devenu presque aussi insensible qu'une mécanique. Devis lui fit signe d'arrêter.

Assis sur un paquetage, presque à ma hauteur, il fumait, tout en parlant d'une voix très douce, qui contrastait avec le ton des autres, avec leurs hurlements que j'avais encore dans l'oreille. Il bavardait sur des sujets apparemment sans importance et sans rapport avec les questions dont on me martelait la tête dès le début. Entre autres choses, il me demandait si de nombreux journaux étaient adhérents à la Fédération de la Presse. Je lui aurais certainement répondu, mais je ne pouvais mouvoir qu'avec effort mes lèvres sèches et durcies, et de ma gorge ne sortait qu'un souffle sans sonorité. Péniblement, j'essayai d'articuler quelques titres tandis qu'il enchaînait, comme si la question découlait des autres : « Et Audin, c'est un bon camarade, n'est-ce pas ? » Ce fut comme un signal d'alarme : je compris que d'une chose à l'autre, insensiblement, il voulait m'amener à parler de ce qui l'intéressait. Dans l'abrutissement où les coups et les tortures m'avaient plongé, une seule idée restait claire pour moi : ne rien leur dire, ne les aider en rien. Je n'ouvris plus la bouche.

Du même coup, Devis perdit son calme : il se dressa et se mit à me frapper au visage à tour de bras. Ma tête ballottait d'un côté à l'autre au rythme des gifles, mais j'y étais devenu insensible, au point de ne plus fermer les yeux quand sa main s'abattait sur moi. Il s'arrêta enfin pour demander qu'on apporte de l'eau. « On a déjà essayé, mon capitaine », dit Érulin. Il prit quand même le bidon et le quart qu'on lui tendait. Comme le lieutenant plus tôt, il se mit, devant mes yeux, à verser l'eau d'un récipient dans l'autre, porta le quart à mes lèvres sans que je puisse les y tremper, puis, découragé par mon absence de réaction, car je ne faisais aucun effort pour tenter de boire, il le reposa sur le sol. Je tombai sur le côté. Dans ma chute, je renversai le quart. « Faudra bien essuyer, dit Érulin, il ne faut pas qu'il puisse lécher. »

Devis s'étant écarté, Érulin prit le relais et, de sa voix aiguë, se mit à hurler, penché sur moi : « Tu es foutu. C'est ta dernière chance. Ta dernière chance. Le capitaine est venu pour ça. » Un parachutiste, entré avec Lorca, était assis en tailleur dans un coin. Il avait dégainé son pistolet et, silencieux, il l'examinait ostensiblement comme pour voir si tout était bien en place, puis le déposait sur ses genoux comme s'il attendait un ordre. Pendant ce temps, Lorca m'avait « branché » et il actionnait la magnéto par petits coups, mais sans conviction. Je sursautais à chaque secousse ; cependant, j'appréhendais autre chose. Je croyais distinguer, posée sur le sol, contre le mur, une énorme pince entourée de bandelettes de papier et j'essayais d'imaginer quels nouveaux supplices m'attendaient. Je pensai qu'avec cet instrument, ils pouvaient peut-être m'arracher les ongles : je m'étonnai aussitôt de ne pas en ressentir plus de frayeur et je me rassurai presque à l'idée que les mains n'avaient que dix ongles. Dès qu'ils eurent éteint et refermé la porte, je rampai vers le mur et je m'aperçus que la pince n'était qu'un tuyau de canalisation qui sortait de la maçonnerie.

Il m'était de plus en plus difficile de réfléchir sans que la fièvre m'entraîne hors de la réalité, mais j'avais conscience qu'ils ne pourraient guère aller plus loin. Des bribes d'anciennes conversations me traversaient l'esprit : « L'organisme ne peut tenir indéfiniment : il arrive un moment où le cœur lâche. » C'est ainsi qu'était mort notre jeune camarade Djegri, deux mois plus tôt, dans un cachot de la Villa Sesini, domaine des « bérets verts » du capitaine Faulques.

Quand, un long moment après, la porte s'ouvrit de nouveau, je vis entrer Érulin, accompagné de deux officiers encore jamais vus. Dans l'obscurité, l'un d'eux s'accroupit devant moi et me mit la main sur l'épaule, comme pour me mettre en confiance : « Je suis l'aide de camp du général Massu. » Il s'agissait du lieutenant Mazza. « Cela me fait de la peine de vous voir dans cet état. Vous avez trente-six ans : c'est jeune pour mourir. » Il se tourna vers les deux autres et leur demanda de sortir. « C'est à moi seul qu'il veut parler », expliqua-t-il. La porte refermée, nous restâmes tous les deux :

« Vous avez peur qu'on sache que vous avez parlé ? Personne ne le saura et nous vous prendrons sous notre protection. Dites tout ce que vous savez et je vous fais transporter tout de suite à l'infirmerie. Dans huit jours, vous serez en France avec votre femme, vous avez notre parole. Sinon, vous allez disparaître. »

Il attendait une réponse. La seule qui me vint à l'esprit, je la lui donnai : « Tant pis ! »

« Vous avez des enfants, reprit-il, je pourrais peut-être les voir ; voulez-vous que je leur dise que j'ai connu leur père ?... Alors ? Vous ne voulez pas parler ? Si vous me laissez partir, ils vont revenir. Et ils ne s'arrêteront pas. »

Je restai silencieux. Il se leva, mais avant de

partir, il ajouta : « Il ne vous reste plus qu'à vous suicider. »

Je l'entendis échanger quelques mots avec les autres qui attendaient dans le couloir : « Depuis dix ans, quinze ans, ils ont dans la tête que, s'ils sont pris, il ne faut rien dire : et il n'y a rien à faire pour leur enlever ça de là. »

Je sentais que j'arrivais au bout d'une étape : en effet, quelques instants après, deux paras entraient. Ils me détachèrent les mains, m'aidèrent à me mettre debout, puis m'accompagnèrent, en me soutenant, jusqu'à la terrasse. Toutes les deux, trois marches, ils s'arrêtaient pour me permettre de reprendre haleine. Au passage, d'autres paras croisés dans l'escalier ou sur les paliers, faisaient assaut d'esprit : « Il faut que vous le portiez ? Il ne peut pas marcher tout seul, non ? » – « C'est qu'il vient d'en prendre douze heures d'affilée », répondit l'un de mes guides, comme pour s'excuser. Nous redescendîmes enfin dans l'autre immeuble.

Au bout d'un couloir, sur la gauche, on m'introduisit dans une cellule : il s'agissait d'une salle de bains pas encore aménagée. L'un des paras me prit par les jambes, l'autre sous les bras, et ils me déposèrent sur une paillasse jetée contre le mur. Je les entendis discuter un moment pour savoir s'il convenait ou non de me mettre les menottes. « Il peut à peine bouger, ce n'est pas la peine. » Le second n'était pas d'accord : « On risque de le regretter. » Finalement, ils m'enchaînèrent les poignets, non plus dans le dos, mais sur le devant. J'en éprouvai un soulagement extraordinaire.

En haut du mur, sur la droite, par une lucarne quadrillée de fils de fer barbelés, les lueurs de la ville éclairaient faiblement la pièce. C'était le soir. Du plafond avaient dégouliné sur les murs de ciment brut des filets de plâtre, et ma fièvre y dessinait des formes vivantes qui, à peine entrevues, se brouillaient aussitôt. Malgré mon épuisement, je ne pus dormir : des secousses nerveuses m'agitaient et des éblouissements me fatiguaient douloureusement les yeux. Dans le couloir, on parlait de moi : « Tu lui donneras à boire, un tout petit peu toutes les heures, pas beaucoup, sans ça il va claquer. »

Un des parachutistes qui m'avaient accompagné, un jeune à l'accent de France, entra avec une couverture qu'il étendit sur moi. Il me fit boire ; très peu, mais je ne sentais plus la soif. « Ça ne t'intéresse pas, la proposition du général Massu ? », dit-il. Sa voix n'était pas hostile. « Pourquoi tu ne veux rien dire ? Tu ne veux pas trahir tes copains ? Faut être courageux pour résister comme ça. » Je lui demandai quel jour nous étions : c'était le vendredi soir et ils avaient commencé à me torturer le mercredi.

Dans le couloir, c'était un bruit incessant de pas et d'appels, percé de temps en temps par la voix grêle d'Érulin donnant des ordres. Et brusquement, j'entendis des cris terribles, tout près, sans doute dans la pièce en face. Quelqu'un qu'on torturait. Une femme. Et je crus reconnaître la voix de Gilberte. Ce n'est que quelques jours plus tard que je sus que je m'étais trompé.

On tortura jusqu'à l'aube, ou presque. Au travers de la cloison, j'entendais les hurlements et les plaintes, étouffés sous le bâillon, les jurons et les coups. Je sus bientôt que ce n'était pas une nuit exceptionnelle, mais la routine de la maison. Les cris de souffrance faisaient partie des bruits familiers du « centre de tri », et aucun des paras n'y prêtait plus attention, mais je ne crois pas qu'il se soit trouvé un seul prisonnier qui n'ait comme moi pleuré de haine et d'humiliation en entendant pour la première fois les cris des suppliciés.

J'étais à demi conscient. Je ne m'endormis vraiment qu'au matin, pour me réveiller très tard, lorsque le para de la veille m'apporta une soupe chaude : mon premier repas depuis le mercredi. J'en avalai difficilement quelques cuillerées : mes lèvres, ma langue, mon palais étaient encore irrités par les écorchures des fils électriques. D'autres plaies, des brûlures à l'aine, à la poitrine, aux doigts s'étaient infectées. Le para m'enleva les menottes et je m'aperçus que je ne pouvais plus remuer ma main gauche, insensible et raide. Mon épaule droite était douloureuse et ne me permettait pas de lever le bras.

C'est dans l'après-midi que je revis mes bourreaux. On aurait dit qu'ils s'étaient donné rendez-vous dans ma cellule. Ils étaient tous là : soldats, officiers et deux civils (de la D. S. T. sans doute) que je n'avais pas encore vus. Ils se mirent à converser entre eux, comme si je n'avais pas été présent.

« Alors, il ne veut pas parler ? dit l'un des civils.

– On a tout le temps, dit le commandant, ils sont tous comme ça au début : on mettra un mois, deux mois ou trois mois, mais il parlera.

– C'est le même genre que Akkache ou Elyette Loup, reprit l'autre. Ce qu'il veut : c'est être un "héros", avoir une petite plaque sur un mur dans quelques centaines d'années. » Ils rirent à sa plaisanterie.

Tourné vers moi, il constata en souriant : « On t'a bien arrangé.

– C'est de sa faute, dit Charbonnier.

– Il se fout de tout, dit Érulin, de sa femme, de ses gosses ; il aime mieux le Parti. »

Il avait posé sa botte sur moi, comme sur un gibier ; puis il ajouta, comme si cela lui revenait soudain : « Tu sais que tes gosses arrivent ce soir par avion ? Il va leur arriver un accident. » Ils commencèrent à sortir, mais Devis et Charbonnier, qui avaient senti que j'hésitais à prendre au sérieux ce chantage, s'attardèrent sur le pas de la porte :

« Vraiment, tu te fous de tes enfants ? » dit

le lieutenant. Ils restèrent un moment silencieux et Charbonnier conclut :

« Bon ! alors, tu vas crever.

– On saura comment je suis mort, lui dis-je.

– Non, personne n'en saura rien.

– Si, répondis-je encore, tout se sait toujours. »

Il devait revenir, le lendemain dimanche, avec Érulin, pour un moment seulement. Tous deux étaient souriants. « Tu n'as pas changé d'avis, dit Charbonnier. Alors, tu te prépares d'autres ennuis. On a des moyens scientifiques (il appuyait sur l'adjectif) pour te faire parler. »

Quand ils furent partis, je frappai à la porte et demandai à me lever. Soutenu par un para, j'allai jusqu'à la cuisine en m'appuyant au mur et me passai un peu d'eau sur le visage. Comme je me recouchais, un autre para – cet Européen d'Algérie qui faisait équipe avec Lorca – passa la tête dans l'entrebâillement de la porte et me demanda, l'air narquois : « Alors, ça va mieux ? » – « Oui, lui dis-je sur le même ton, vous allez pouvoir bientôt recommencer. » J'aurais voulu qu'il bavarde un peu et me laisse deviner ce qu'on me préparait, et quels étaient ces moyens « scientifiques ». Mais il répondit seulement avec hargne : « Tu as raison, ce n'est pas fini, on te niquera la gueule. »

C'est le lundi après-midi qu'Érulin me réveilla. Deux paras m'aidèrent à me mettre sur pieds et nous descendîmes tous les quatre. Un étage plus bas, c'était l'infirmerie : une grande pièce largement vitrée : quelques lits de camp et une table surchargée de médicaments en désordre. Il n'y avait là pour le moment qu'un médecin-capitaine qui semblait m'attendre. Il était assez jeune, maigre, le poil noir et mal rasé, l'uniforme fripé. Avec un accent du Midi, il me dit en guise de salutation :

« Vous avez peur ?

– Non, lui dis-je.

– Je ne vous donnerai pas de coups et je vous promets de ne pas vous faire mal. »

On m'allongea sur un des lits de camp. Penché sur moi, il prit ma tension et m'ausculta avec son stéthoscope. « On peut y aller. Juste un peu nerveux », dit-il à Érulin. Je me sentis gêné qu'il ait ainsi découvert mon émotion dans les battements de mon cœur. Tous ces préparatifs confirmaient ce que j'appréhendais. Ils allaient expérimenter sur moi le « sérum de vérité ». C'était cela les « moyens scientifiques » dont Charbonnier m'avait parlé.

Depuis la veille, je m'efforçais de regrouper tous les souvenirs que m'avaient laissés des lectures faites au hasard des journaux sur les effets du pentothal. « Si la volonté du sujet est assez forte, on ne peut le forcer à dire ce qu'il ne veut pas dire. » J'en avais retenu cette conclusion, que je me répétais pour garder mon calme et ma confiance. Il n'aurait servi à rien de me débattre : ils m'auraient attaché, et il était préférable d'utiliser toute mon énergie pour résister au mieux à la drogue.

On attendit un moment l'infirmier ou l'adjoint médical. Il revenait sans doute d'une opération ou d'une patrouille, car il était en tenue de campagne. Il dut se débarrasser de sa mitraillette et de son équipement avant d'écouter les explications du docteur : « D'abord cinq centimètres cubes seulement, car il y a des corps qui résistent. » Il pensait aux intolérances de certains organismes aux narcotiques, mais sur le moment je crus qu'il voulait parler de résistance psychologique et je décidai de leur donner l'impression que je ne « résistais » pas. C'était, pensais-je, la meilleure façon d'absorber la dose minima de « sérum ».

Je grelottais de froid et de nervosité : j'étais torse nu, car on ne m'avait pas rendu ma chemise, que quelqu'un avait dû trouver à son goût. Un des paras me jeta une couverture sur le corps, et l'infirmier s'approcha. Il me prit le bras droit, fit saillir la veine avec un ruban de caoutchouc et y enfonça l'aiguille. Sous la couverture, je glissai ma main gauche, raide et insensible, dans la poche de mon pantalon et je la pressai contre ma cuisse, à travers le tissu, me forçant à penser que, tant que je sentirais ce contact, je me souviendrais qu'il ne s'agissait pas d'un rêve et je resterais sur mes gardes. L'infirmier n'appuyait que très lentement sur la seringue et le liquide ne devait s'écouler que goutte à goutte dans mon sang. « Comptez doucement, me dit le docteur, allez ! »

Je comptai : « un, deux, trois... » jusqu'à dix, et m'arrêtai comme si j'étais déjà endormi. À la base de la nuque, je sentais un engourdissement glacé qui montait vers le cerveau et me poussait dans l'inconscience. « Onze, douze, treize, dit le docteur pour m'éprouver, continuez ! » Je repris après lui : « Quatorze... quinze... seize... » Je sautai volontairement deux ou trois mesures, repris à dix-neuf, vingt, vingt et un et me tus. Je l'entendis dire : « L'autre bras, maintenant. » Sous la couverture, je déplaçai lentement ma main droite pour la mettre dans ma poche, toujours avec le sentiment que, tant que mes ongles pinceraient ma chair, je serais bien amarré à la réalité. Mais, malgré tous mes efforts, je m'endormis...

Le docteur me tapotait doucement les joues. Presque en chuchotant, d'une voix qu'il voulait amicale, il disait : « Henri ! Henri ! c'est Marcel ; tu vas bien ? » J'ouvris les yeux. Lentement, avec effort, je reprenais conscience de ce qui se passait. Il faisait sombre, ils avaient tiré les volets. Autour de moi, assis sur des lits de camp, des paras et des officiers – ceux que je connaissais et d'autres sans doute conviés à assister à l'expérience – écoutaient en silence. Je vis que le docteur avait une feuille de papier à la main et je compris que c'était la liste des questions qu'il devait me poser.

Sur le ton familier de quelqu'un qui rencontre un vieil ami, il commença par me demander : « Tu as travaillé longtemps à *Alger Républicain* ? » La question était inoffensive : sans doute cherchait-il à me mettre en confiance. Je m'entendis répondre avec une volubilité extraordinaire : je donnai des détails sur les difficultés de fabrication d'un journal, puis je passai à la constitution des équipes rédactionnelles. C'était comme si j'avais été ivre, comme si quelqu'un d'autre avait parlé à ma place, mais je gardais assez de conscience pour me souvenir que j'étais entre les mains de mes bourreaux et qu'ils cherchaient à me faire dénoncer mes camarades.

Tout cela n'était pourtant qu'une introduction. Le docteur chuchotait à son assistant : « Ça marche, vous voyez ; c'est comme cela qu'il faut faire. » Il me coupa au milieu de mes explications et me dit à mi-voix : « Henri, on m'a dit de m'adresser à toi pour voir X... Comment faire ? » Sous un déguisement « amical », c'était une question qu'ils m'avaient posée vingt fois pendant qu'ils me torturaient. Mille images se présentaient dans ma tête ivre : j'étais dans la rue, dans un appartement, dans un square et toujours avec ce « Marcel » qui me poursuivait et m'importunait de ses questions. Je faisais un effort et, soulevant les paupières, j'arrivais à reprendre pied dans la réalité pour replonger aussitôt dans cette demi-inconscience. Il me secoua un peu pour que je lui réponde :

« Où est X... ? » et nous commençâmes un dialogue de fous.

« Je m'étonne, lui dis-je, qu'on t'ait adressé à moi. Je ne sais pas où il est.

— Quand il veut te voir, comment fait-il ?

— Il n'a jamais besoin de me voir, je n'ai rien à faire avec lui.

58

– Oui, bien sûr, mais s'il voulait te voir, comment ferait-il ?

– Il mettrait sans doute un mot dans ma boîte, mais il n'y a aucune raison. »

Je me débattais dans cette conversation gluante, toujours assez conscient, malgré la drogue, pour résister à ces brutes.

« Écoute, reprit-il, j'ai une planque pour X..., il faut absolument que je le voie ; si tu le touches, peux-tu me mettre en rapport avec lui ?

– Je ne t'ai rien promis, lui dis-je. Ça m'étonnerait qu'il me donne rendez-vous.

– Bon, mais si par hasard il venait, comment puis-je te toucher ?

– Où habites-tu ? lui demandai-je.

– 26, rue Michelet, troisième étage, à droite. Tu demandes Marcel.

– Très bien, lui dis-je, je me souviendrai de l'adresse.

– Non, ce n'est pas bien : je te donne mon adresse, il faut que tu me donnes la tienne, tu dois avoir confiance.

– Alors, lui dis-je encore, si tu veux, nous pouvons nous retrouver à l'arrêt du Parc de Galland, dans quinze jours, à dix-huit heures. Je m'en vais, je n'aime pas traîner dans la rue.

– C'est vers le Parc de Galland que tu habites ? Dis-moi ton adresse », dit-il encore.

J'étais épuisé et je voulais en finir, même grossièrement :

« Tu m'emmerdes, lui dis-je, au revoir.

– Au revoir », dit-il.

Il attendit un instant, sans doute pour être certain que j'étais bien endormi et je l'entendis chuchoter à quelqu'un près de moi : « On n'en tirera rien de plus. » Puis je les entendis tous se lever et se diriger vers la sortie, comme après un spectacle. L'un d'eux, en passant, alluma l'électricité et, d'un seul coup, je repris entièrement conscience. Ils étaient près de la porte, certains déjà dehors, d'autres, dont Érulin et Charbonnier, encore dans la pièce et qui me regardaient. De toutes mes forces, je leur criai : « Vous pouvez revenir avec votre magnéto, je vous attends : je n'ai pas peur de vous. » Le docteur, une petite sacoche à la main, sortait lui aussi : il leur fit signe de ne pas répondre. Avant de quitter la pièce, il dit à l'infirmier : « Il risque d'être un peu vaseux maintenant, donnez-lui des cachets. »

Avant que les deux paras qui m'avaient amené là me reprennent en charge, l'infirmier soigna mes plaies et couvrit les brûlures que j'avais à l'aine et à la poitrine de pansements adhésifs. Enfin, ils m'aidèrent à remonter jusqu'à ma cellule. Là, l'un des deux, sortant deux cachets de sa poche, me dit : « Avale ça ! » Je les pris, les glissai sous ma langue, bus une gorgée d'eau et lui dis : « Ça y est. » Dès que la porte se fut refermée, je les recrachai. Sans doute, n'était-ce que de simples cachets d'aspirine, mais je n'arrivais plus à penser correctement et je me sentais envahi d'une méfiance aiguë à l'égard de toute chose. Je me demandais surtout si ce n'était pas que le début du « traitement ». Je sentais que je n'étais plus dans mon état normal : mon cœur, mes tempes battaient fiévreusement. J'avais rendez-vous avec « Marcel ». Cette création du pentothal prenait une consistance de chair. J'avais réussi à ne pas répondre à ses questions, comment me défaire de lui la prochaine fois ? Je sentais que je délirais. Je me giflais, je me pinçais pour être certain que tout cela n'était pas un rêve. Mais je ne reprenais pied dans la réalité que pour revenir aussitôt aux craintes que la drogue suscitait en moi.

« Allez, on déménage ! » C'étaient mes deux guides de l'infirmerie. Il devait être assez tard, peut-être onze heures du soir, et, comme nous montions vers la terrasse, l'idée me vint qu'ils allaient me « suicider ». Dans l'état où je me trouvais, cette pensée ne me causait pas d'émotion supplémentaire : « Je n'ai pas parlé sous les tortures, ça n'a pas marché avec le sérum, c'est fini. » Mais nous redescendîmes dans le deuxième immeuble et on m'ouvrit la porte d'un cachot (le placard) que je connaissais déjà. Il avait été nettoyé, on y avait mis un lit de camp et une paillasse.

Dès qu'ils furent partis, les mêmes idées, dispersées un moment par cet entracte, m'assaillirent de nouveau.

Je me demandais si je n'étais pas en train de devenir fou. S'ils continuaient à me droguer, serais-je encore capable de résister comme la première fois ? Et si le pentothal me faisait dire ce que je ne voulais pas, cela n'aurait servi à rien de résister aux tortures.

La porte du placard à droite était ouverte et un rouleau de fil de laiton y était déposé. La lucarne ouverte laissait libre le crochet de fermeture. Je pouvais y accrocher un morceau de fil de laiton, monter sur le lit de camp et ensuite le repousser d'un coup de pied. Puis, je me révoltai contre l'idée du suicide. On croirait, après ma mort, que c'était la peur des supplices qui m'y avait poussé. Je me demandais en outre si ces « facilités » ne m'étaient pas offertes volontairement, et la phrase de l'aide de camp de Massu me revenait à l'esprit : « Il ne vous reste plus qu'à vous suicider. » Et au moment même où je décidais que je ne me tuerais pas et que, si je devais mourir, mieux valait que ce fût sous les coups des paras, je me demandais si ce n'était pas la crainte de la mort si proche qui me faisait trouver ces « arguments ». Mourir pour mourir, ne valait-il pas mieux que ce soit tout de suite et sans risque d'« aider les bourreaux » ? J'essayai de raisonner le plus calmement possible et je conclus que de toute façon, on ne me « reprendrait » pas avant le lendemain matin au moins, que j'avais donc encore le temps de me tuer si cela était nécessaire. Je me rendais compte aussi que je n'étais pas dans un état normal et qu'il me fallait du repos pour mieux réfléchir.

Je m'endormis jusqu'au matin. La nuit avait chassé, avec la fièvre, mes craintes de la veille. Je me sentais tout à coup fier et joyeux de n'avoir pas cédé. J'étais convaincu que je tiendrais encore le coup s'ils recommençaient : que je me battrais jusqu'au bout ; que je ne leur faciliterais pas la tâche en me suicidant.

Vers le milieu de l'après-midi, je rejoignis dans l'autre bâtiment ma première cellule, mais je n'y restai pas longtemps. Dans la soirée, je refis le chemin en sens inverse et je retournai dans le « placard » où je passai une deuxième nuit. Des bribes de conversation saisies dans le couloir me fournirent l'explication de ces ordres et de ces contre-ordres : on attendait la visite d'une commission (je ne sais laquelle) [1], il ne fallait pas qu'elle me vît : on me « camouflait » donc dans le deuxième bâtiment, qui, en principe, ne dépendait pas du « centre de tri » et ne servait qu'au logement des paras et au mess.

J'allais mieux et j'arrivais à me lever et à me tenir debout. Je sentais, à l'attitude différente des paras à mon égard qu'ils avaient dû apprécier en « sportifs » mon refus de parler. Le

----

1. Il s'agissait en fait de la Commission de Sauvegarde représentée par le général Zeller.

grand para de l'équipe Lorca avait lui-même changé de ton. Il entra un matin dans ma cellule et me dit :

« Vous avez déjà été torturé dans la Résistance ?

— Non, c'est la première fois, lui dis-je.

— C'est bien, dit-il en connaisseur, vous êtes dur. »

Dans la soirée, un autre, que je ne connaissais pas, entra à son tour. Un petit blond, au fort accent du Nord : un appelé. Il me dit avec un grand sourire : « Vous savez, j'ai assisté à tout, hein ! Mon père m'a parlé des communistes dans la Résistance. Ils meurent, mais ils ne disent rien. C'est bien ! » Je regardai ce jeune à la figure si sympathique, qui pouvait parler des séances de tortures que j'avais subies comme d'un match dont il se souviendrait, et qui pouvait venir me féliciter sans gêne, comme il l'aurait fait pour un champion cycliste. Quelques jours plus tard, je le vis congestionné, défiguré par la haine, battre dans l'escalier un Musulman qui ne descendait pas assez vite : ce « centre de tri » n'était pas seulement un lieu de tortures pour les Algériens, mais une école de perversion pour les jeunes Français.

Un para au moins, pourtant, n'était pas d'accord. C'était un jeune, avec un accent du terroir. Il ouvrit la porte de ma cellule, vers les sept heures un soir, au moment où il n'y avait plus personne dans le couloir. Il avait à la main un sac de provisions : des cerises, du chocolat, du pain, des cigarettes. Il me le tendit et me dit seulement : « Tenez, prenez cela. Excusez-moi, mais ici on ne peut pas parler. » Et il me serra la main très fort et très vite avant de refermer la porte. Mais Érulin dut donner des ordres et je ne vis plus personne.

On m'emmena à l'infirmerie dans les jours qui suivirent. J'y retournai la première fois, le cœur battant. J'appréhendais de nouvelles injections de pentothal, mais c'était seulement pour soigner mes plaies infectées. On me fit des piqûres de pénicilline et à plusieurs reprises on changea mes pansements. De ces soins, je savais que je ne pouvais rien conclure. De toute façon, ils avaient intérêt à me soigner : s'ils voulaient me torturer à nouveau, il fallait que je ne sois pas trop affaibli ; s'ils décidaient au contraire de m'exécuter, il leur faudrait, à part les traces « normales » des balles, un cadavre « propre » en cas d'autopsie. À mesure que les jours passaient, l'espoir que l'opinion publique alertée réussirait à m'arracher à leurs griffes grandissait en moi, mais en même temps j'étais convaincu qu'ils préféreraient affronter le scandale de ma mort plutôt que celui des révélations que je ferais, vivant. Ils avaient dû peser cela, puisque l'un des paras m'avait dit ironiquement, alors que j'étais encore incapable de me lever : « C'est dommage, tu aurais pu en raconter des choses, de quoi faire un gros bouquin ! »

Ils tentèrent encore de m'interroger. D'abord Charbonnier, Devis et un autre, inconnu. Ils me firent venir dans le bureau qui se trouvait au même étage. Je m'assis en face d'eux et ils me posèrent pour la centième fois la même question, mais cette fois avec politesse.

« Où avez-vous passé la nuit avant votre arrestation ?

— J'ai déjà répondu à cette question quand vous m'avez torturé, leur dis-je. Ma réponse est que je ne vous répondrai pas. »

Ils sourirent sans insister, puis Devis me dit :

« Le loyer de votre appartement est-il à votre nom ? Vous pouvez répondre à cette question : si vous ne le faites pas, la concierge nous le dira. Vous voyez bien que ça n'a pas d'importance.

— Demandez à la concierge, si vous voulez ; moi, je ne vous aiderai pas. »

L'entretien n'avait pas duré plus de deux ou trois minutes, et Charbonnier me raccompagna jusqu'à ma cellule.

Quelques jours plus tard, je reçus la visite du lieutenant Mazza, l'aide de camp du général Massu. Il commença par me dire, sans ironie, qu'il était heureux de voir que j'allais mieux. Puis, très volubile, il me donna un « digest » de la pensée politique des officiers de la pacification : « Nous ne partirons pas », c'était le leitmotiv. La misère des Algériens ? il ne faut rien exagérer. Il connaissait un « indigène » qui gagnait 80 000 francs par mois. Le « colonialisme » ? un mot inventé par les défaitistes. Oui, il y avait eu des injustices, mais maintenant, c'était terminé. Les tortures ? on ne fait pas la guerre avec des enfants de chœur. La guerre serait depuis longtemps terminée, mais les communistes, les libéraux, la presse « sentimentale » ameutaient l'opinion contre les paras et les empêchaient de « travailler ». J'avais très peu envie d'engager une conversation de ce genre : je lui dis seulement qu'il était heureux que la France eût d'autres représentants et d'autres titres à sa gloire ; et puis, je me contentai de répondre ironiquement à chacun de ces lieux communs colonialistes.

Il en vint enfin à l'objet de sa visite. On me faisait une nouvelle proposition : on ne me demandait plus de répondre aux questions posées, mais seulement d'écrire ce que je pensais de la situation présente et de l'avenir de l'Algérie, et je serais remis en liberté. Évidemment, je refusai.

« Pourquoi ? dit-il, vous avez peur qu'on s'en serve contre vous ?

– D'abord, lui dis-je. D'autre part, je n'ai pas l'intention de collaborer avec vous. Si ce que mes amis et moi pensons du problème algérien vous intéresse, prenez les collections d'*Alger Républicain* : vous les avez toutes puisque votre journal, *Le Bled*, occupe nos locaux. »

Il n'insista pas et, passant à un autre sujet, il me dit à brûle-pourpoint : « Ah vous savez, j'ai reçu la visite de votre femme et d'un avocat. Ils m'ont demandé si vous étiez vivant. J'ai répondu que vous étiez encore vivant. » Puis il ajouta : « C'est vraiment dommage. J'ai de la sympathie pour vous. Et de l'admiration pour votre résistance. Je vais vous serrer la main, je ne vous reverrai peut-être plus. » Son numéro terminé, il sortit.

La veille de mon départ pour Lodi, un mois après mon arrestation, on m'emmena dans un bureau de l'étage inférieur. Un capitaine de paras – béret vert de la Légion étrangère – m'attendait : cheveux en brosse, figure en lame de couteau traversée d'une longue balafre, lèvres pincées et méchantes, yeux clairs et saillants. Je m'assis en face de lui et au même moment il se leva : d'un coup au visage, il me jeta par terre et fit voltiger mes lunettes qu'on m'avait rendues : « Tu vas t'enlever cet air insolent que tu as sur la gueule », dit-il.

Lorca était entré et s'était placé debout près de la fenêtre. La présence de ce « spécialiste » me fit penser que la torture était proche. Mais le capitaine se rassit en même temps que je me relevais.

« Tu veux une cigarette ? me dit-il, changeant brusquement de tactique.

– Non, je ne fume pas et je vous demande de me vouvoyer. »

Il ne s'agissait pas seulement de « marquer le coup », mais aussi de savoir où il voulait en venir : tortures ou entretien sur le mode « amical » ? Selon qu'il me giflerait de nouveau ou tiendrait compte de l'observation, je sentais que je serais fixé. Il me répondit que ça n'avait aucune importance et se mit à me vouvoyer. Je lui demandai si je pouvais reprendre mes lunettes : il crut que c'était pour mieux me souvenir de son visage : « Vous pouvez me regarder, je suis le capitaine Faulques, vous savez, le fameux capitaine S. S. Vous avez entendu parler ? » J'étais en présence de Faulques, chef des tortionnaires de la Villa Sesini, particulièrement réputé pour sa férocité.

Il devait regretter de s'être laissé emporter par la haine. Il tenta de parler calmement et, pour effacer la première impression, il fit apporter deux bouteilles de bière. Je buvais lentement, le surveillant du coin de l'œil, dans la crainte que, d'un nouveau coup, il ne me casse la bouteille sous les dents.

« Vous devez avoir un joli dossier sur moi, hein ? Qu'allez-vous faire de moi, si ça change ?... Mais je sais prendre mes risques. »

Puis, sans transition, il entama une dissertation sur les écrivains, les peintres communistes ou libéraux et les intellectuels en général. Il parlait avec beaucoup d'ignorance et une telle haine qu'elle transformait les expressions de son visage, très mobile, en autant de rictus. Je le laissais parler, l'interrompant parfois, dans le seul but de gagner du temps et de réduire d'autant celui des tortures, s'il devait y en avoir après.

Il m'avait posé les questions habituelles, mais sans insister. Puis, il était revenu à la « grande politique ». Il marchait comme un fou à travers la pièce, s'approchant par moments de moi pour me hurler une phrase dans la figure. Il souhaitait que la guerre s'étendît à la Tunisie et au Maroc. Il regrettait que l'expédition d'Égypte n'ait pas abouti à une conflagration générale : « J'aurais voulu qu'un sous-marin américain coule un bateau français. Il y aurait eu la guerre avec les Américains : au moins, les choses auraient été plus claires ! » Je le contredisais, mais comme on le fait pour un malade qu'il ne faut pas exciter davantage. Il eut à plusieurs reprises envie de me frapper, mais il se retint et à un moment me cria : « Vous ne voulez rien dire ? Moi, je fais parler les gens en leur mettant un couteau sur la gorge la nuit. Je vous reprendrai. »

Sans doute était-ce leur intention à tous de me « reprendre », lorsqu'ils décidèrent de m'envoyer au camp de Lodi, « réserve » de suspects que l'on extrait quand on le juge utile.

Mais, avant ce dernier interrogatoire et ce transfert que rien ne me laissait prévoir, je pus, durant un mois, observer la marche de l'usine à tortures. De ma cellule, je voyais par le trou du loquet le couloir, le palier et quelques marches d'escalier. À travers la cloison mince me parvenaient les bruits des pièces attenantes.

Dans la journée, c'était un va-et-vient incessant dans l'escalier et le couloir : des paras, seuls, ou poussant brutalement devant eux des « suspects » hébétés. À chaque étage – je l'ai su par la suite – ils les entassaient à quinze ou vingt dans les pièces transformées en prisons. Les prisonniers dormaient à même le ciment ou se partageaient une paillasse à trois ou quatre. Ils étaient constamment dans l'obscurité, car les stores étaient baissés pour qu'on ne pût rien voir des maisons d'en face. Des jours, des semaines durant – quelquefois plus de deux mois – ils attendaient là un interrogatoire, leur transfert au camp ou à la prison, ou bien encore leur « tentative d'évasion », c'est-à-dire une rafale de mitraillette dans le dos.

Deux fois par jour, vers quatorze heures et vingt heures (quand on n'oubliait pas), on nous apportait des biscuits de troupe – cinq le matin et cinq le soir –, rarement du pain, et quelques cuillerées d'une soupe faite de tous les déchets du repas des seigneurs. J'y trouvai un jour un mégot, une autre fois une étiquette et des noyaux de fruits recrachés.

C'était un Musulman qui était chargé de cette distribution. Ancien tirailleur, il était passé au maquis et avait été fait prisonnier au cours d'un combat. En échange de la vie, il avait accepté de servir les paras. Son nom était Boulafras, mais, par dérision, ceux-ci l'avaient transformé en « Pour-la-France » et c'est ainsi qu'ils l'appelaient. Ils l'avaient coiffé d'un béret bleu et armé d'une matraque en caoutchouc, dont il se servait à l'occasion pour se faire bien voir de ses maîtres. Ce déchet était méprisé par tous : par les paras comme par les prisonniers.

Mais c'était la nuit que le « centre de tri » vivait sa vraie vie. J'entendais les préparatifs de l'expédition : dans le couloir, bruits de bottes, d'armes, ordres d'Érulin. Puis, par la lucarne, me parvenaient d'autres bruits. Dans la cour, ils mettaient jeeps et dodges en marche et démarraient. Tout était silencieux pendant une heure ou deux, jusqu'au moment où ils rentraient, les voitures chargées de « suspects » arrêtés au cours de l'opération. Je les voyais, le temps d'un éclair, lorsqu'ils passaient dans mon champ de vision : escalier, palier et couloir. Des jeunes gens, le plus souvent. On leur avait à peine laissé le temps de s'habiller : certains étaient encore en pyjama, d'autres pieds nus ou en pantoufles. Quelquefois, il y avait aussi des femmes. Elles étaient emprisonnées dans l'aile droite du bâtiment.

Le « centre de tri » s'emplissait alors de cris, d'insultes, de rires énormes et méchants. Érulin commençait l'interrogatoire d'un Musulman. Il lui criait : « Fais ta prière devant moi. » Et je devinais dans la pièce à côté un homme humilié jusqu'au fond de l'âme, contraint de se prosterner en prières devant le lieutenant tortionnaire. Puis, d'un coup, les premiers cris des suppliciés coupaient la nuit. Le vrai « travail » d'Érulin, de Lorca et des autres avait commencé.

Une nuit, à l'étage au-dessus, ils torturèrent un homme : un Musulman, assez âgé, semblait-il au son de sa voix. Entre les cris terribles que la torture lui arrachait, il disait épuisé : « Vive la France ! Vive la France ! » Sans doute croyait-il calmer ainsi ses bourreaux. Mais les autres continuèrent à le torturer et leurs rires résonnaient dans toute la maison.

Lorsqu'ils ne partaient pas en opération, Érulin et les siens « travaillaient » sur les suspects déjà arrêtés. Vers minuit ou une heure du matin, une porte des pièces-prison s'ouvrait bruyamment. La voix d'un para hurlait : « Debout, salauds ! » Il appelait un, deux, trois noms. Ceux qui avaient été nommés savaient ce qui les attendait. Il y avait toujours un long silence et l'autre était toujours obligé de répéter les noms une seconde fois, ce qui le mettait en fureur : « Qu'ils sont cons, alors ? Vous pouvez pas répondre "présent", non ? » Ceux qui avaient été appelés se levaient alors et j'entendais les coups qui les poursuivaient, comme le para les poussait devant lui.

Une nuit, Érulin lança ses hommes d'un seul coup à l'assaut de toutes les pièces. Matraque au poing, ils se ruèrent dans les « dortoirs ». « Debout ! » La porte de ma cellule, violemment ouverte, heurta le mur et je reçus un coup de pied dans les reins : « Debout ! » Je me levai, mais Érulin, passant dans le couloir, me vit et dit : « Non, pas lui », et claqua lui-même la porte. Je me recouchai sur ma paillasse, tandis qu'un énorme brouhaha de

76

bruits de bottes, de coups, de plaintes angoissées envahissait les étages.

Le matin et le soir, quand Boulafras entr'ouvrait la porte pour me passer mes « repas » ou bien lorsque j'allais aux lavabos, il m'arrivait de croiser dans le couloir des prisonniers musulmans, qui rejoignaient leur prison collective ou leur cellule. Certains me connaissaient pour m'avoir vu dans des manifestations organisées par le journal : d'autres ne savaient que mon nom. J'étais toujours torse nu, encore marqué des coups reçus, la poitrine et les mains plaquées de pansements. Ils comprenaient que, comme eux, j'avais été torturé et ils me saluaient au passage : « Courage, frère ! » Et dans leurs yeux, je lisais une solidarité, une amitié, une confiance si totales que je me sentais fier, justement parce que j'étais un Européen, d'avoir ma place parmi eux.

Je vécus ainsi, un mois durant, avec la pensée toujours présente de la mort toute proche. Pour le soir, pour le lendemain à l'aube. Mon sommeil était encore troublé par des cauchemars et des secousses nerveuses qui me réveillaient en sursaut.

Je ne fus pas surpris quand une fois Charbonnier entra dans ma cellule. Il devait être près de vingt-deux heures. J'étais debout, près de la lucarne, et regardais vers le boulevard Clemenceau où circulaient encore quelques rares voitures. Il me dit seulement :

« Préparez-vous, nous n'allons pas loin. »

Je mis ma veste sale et fripée. Dans le couloir, j'entendis qu'il disait : « Préparez aussi Audin et Hadjadj ; mais on les prendra séparément. » Dix fois déjà, j'avais fait le bilan de cette vie que je croyais terminée. Encore une fois, je pensai à Gilberte, à tous ceux que j'aimais, à leur atroce douleur. Mais j'étais exalté par le combat que j'avais livré sans faillir, par l'idée que je mourrais comme j'avais toujours souhaité mourir, fidèle à mon idéal, à mes compagnons de lutte.

Dans la cour, une voiture démarra, s'éloigna. Un moment après, du côté de la villa des Oliviers, il y eut une longue rafale de mitraillette. Je pensai : « Audin. »

J'attendis devant la fenêtre pour le plus longtemps possible respirer l'air de la nuit et voir les lumières de la ville. Mais les minutes, les heures passèrent et Charbonnier ne revint pas me chercher.

J'ai terminé mon récit. Jamais je n'ai écrit aussi péniblement. Peut-être tout cela est-il encore trop frais dans ma mémoire. Peut-être aussi est-ce l'idée que, passé pour moi, ce cauchemar est vécu par d'autres au moment même où j'écris, et qu'il le sera tant que ne cessera pas cette guerre odieuse. Mais il fallait que je dise tout ce que je sais. Je le dois à Audin « disparu », à tous ceux qu'on humilie et qu'on torture, et qui continuent la lutte avec courage. Je le dois à tous ceux qui, chaque jour, meurent pour la liberté de leur pays.

J'ai écrit ces lignes, quatre mois après être passé chez les paras, dans la cellule 72 de la prison civile d'Alger.

Il y a quelques jours à peine, le sang de trois jeunes Algériens a recouvert dans la cour de la prison celui de l'Algérien Fernand Yveton. Dans l'immense cri de douleur qui jaillit de toutes les cellules au moment où le bourreau vint chercher les condamnés, comme dans le silence absolu, solennel, qui lui succéda, c'est l'âme de l'Algérie qui vibrait. Il pleuvait et des gouttes s'accrochaient, brillantes dans le noir, aux barreaux de ma cellule. Tous les guichets avaient été fermés par les gardiens, mais nous entendîmes, avant qu'on le bâillonne, l'un des condamnés crier : « Tahia El Djezaïr ! Vive l'Algérie ! » Et d'une seule voix, au moment même sans doute où le premier des trois montait sur l'échafaud, jaillit de la prison des femmes la chanson des combattants algériens :

*« De nos montagnes
La voix des hommes libres s'est élevée :
Elle clame l'indépendance
De la patrie.
Je te donne tout ce que j'aime,
Je te donne ma vie,
O mon pays... O mon pays. »*

Tout cela, je devais le dire pour les Français qui voudront bien me lire. Il faut qu'ils sachent que les Algériens ne confondent pas leurs tortionnaires avec le grand peuple de France, auprès duquel ils ont tant appris et dont l'amitié leur est si chère.

Il faut qu'ils sachent pourtant ce qui se fait ici EN LEUR NOM.

Novembre 1957.

LA TORTURE
AU CŒUR DE LA RÉPUBLIQUE

La première édition de *La Question*, d'Henri Alleg, fut achevée d'imprimer le 12 février 1958, tirée à 5 000 exemplaires puis mise en vente le 18. De larges extraits furent publiés dans la presse ou diffusés sous forme militante sur les lieux de travail et dans les universités, les libraires furent pris d'assaut, des affichettes couvrirent Paris pour dire son importance. Des journaux qui avaient signalé l'importance du texte, *L'Humanité* en tête, puis *France Observateur, L'Express, Témoignage et documents*, furent saisis. Tandis que restaient muettes la petite télévision et les radios aux ordres, un petit paquet d'imprimés, une fois de plus, a fait l'événement. Comme au temps de Voltaire, de Hugo ou de Zola. Comme quinze ans auparavant, quand des plumes clandestines s'étaient mises à décrire la machine totalitaire ensanglantant les corps et souillant les âmes.

Quatre semaines plus tard, le jeudi 27 mars 1958 dans l'après-midi, les hommes du commissaire divisionnaire Mathieu, agissant sur commission rogatoire du commandant Giraud, juge d'instruction auprès du tribunal des forces armées de Paris, saisirent une partie de la septième réédition de *La Question*, qui devait porter sa diffusion à 72 000 exemplaires – chiffre tout à fait exceptionnel à l'époque. Chez les brocheurs et l'imprimeur, chez le diffuseur et l'éditeur, chez des librairies de Paris et de province (à Bordeaux, notamment, où la police fut particulièrement pugnace...), ils enlevèrent sans phrases environ 8 000 de ces petits livres marqués à cette étoile de Minuit qui avait éclairé dès 1942 la nuit de l'Occupation avec *Le Silence de la mer*, de Vercors.

Le patron des Éditions de Minuit, Jérôme Lindon, Jérôme-le-Juste, l'homme qui avait pris en charge la meilleure part de la littérature de Résistance, qui avait distingué Bataille et Beckett, Fourastié et Morin, qui était en passe d'imposer le nouveau roman de Butor ou de Robbe-Grillet, cet homme-là était menacé d'inculpation pour « *participation à une entreprise de démoralisation de l'armée, ayant pour objet de nuire à la défense nationale.* » Il avait diffusé la prose de l'ennemi et donc attenté à la sécurité de la France.

Ce raisonnement simple fut poussé à son terme à l'ultime moment d'impuissance de la IVe République, dont les politiques ont échoué à régler l'affaire d'Algérie et qui, surtout, ne « *tiennent* » plus les militaires. Le 8 février 1958, l'aviation tricolore, en piqué impeccable de ses chasseurs-bombardiers, a rayé de la carte le village-frontière de Sakiet Sidi Youssef, en Tunisie. Pour aider à surmonter l'émotion causée en France et dans le monde par ce nouvel Oradour, détruire un livre pouvait faire l'affaire, croyait-on en haut-lieu, et contribuer à requinquer une raison d'État si mal en point.

Cette saisie d'un livre – pour les journaux « enne-mis de la France », c'était monnaie assez courante – est la première qui ait été perpétrée depuis le début de la « guerre sans nom », depuis cette Toussaint de 1954 qui annonçait tant d'« événements » et fit tenter d'imposer le maintien du vieil ordre français. Elle fut, à vrai dire, un coup d'épée dans l'eau plus qu'une démonstration de force, car *La Question* avait déjà fait son œuvre en quelques semaines. Son interdiction passa donc plutôt pour l'ultime aveu de faiblesse du gouvernement aux abois d'une République à genoux. Une absurdité, dira Mauriac. Une preuve supplémentaire de la véracité des faits rapportés par Alleg. « *Le dernier et le plus fla-grant témoignage de l'imbécillité du pouvoir : faiblesse d'un exécutif enchaîné au proconsulat d'Alger ; sottise d'une politique qui s'épuise à nier la réalité* », ajoutera Jean-Marie Domenach.

Rien n'y fera désormais, pas même l'arrivée d'un autre pouvoir après le 13 mai 1958 et l'installation d'une nouvelle République : la torture d'Algérie hante la France ; cette souillure des droits de l'hom-me conforte, chez les Français comme chez de Gaulle, l'idée d'en finir au plus vite de traîner le « boulet algérien » et de tourner la page. *La Ques-tion* fut donc traduite et commentée dans le monde entier, beaucoup lue en France à la barbe des flics, car ce qu'elle relatait était imprescriptible.

Dès le 27 février 1958, dans son « Bloc-notes » de *L'Express*, Mauriac avait bien vu que le « *témoi-*

gnage sobre » d'Henry Alleg avait le « *ton neutre de l'Histoire* » et qu'en tant que tel il rehaussait tous les arguments de la « *bataille de l'écrit* », qu'il légitimait plus encore l'engagement des intellectuels hostiles à la guerre. Mais le livre ne fut pas oublié après le 13 mai, car sa force même dépassait les circonstances fatales qui avaient provoqué son cri. Une phrase de Sartre extraite de son article, « Une victoire », publié par *L'Express* – aussitôt saisi, mais le texte circula sous le manteau –, avait été judicieusement ajoutée en bandeau sur les premiers tirages : Alleg, écrivait-il, a payé « *le prix le plus élevé pour le simple droit de rester un homme* ». Ainsi *La Question* entra-t-elle d'un coup, toute palpitante, dans la conscience morale universelle.

Sa nouvelle édition, décidée par Lindon en octobre 1959, sera certes saisie derechef le 17 novembre. Mais l'éditeur ne sera pas plus poursuivi en 1959 qu'en 1958. Car si les censeurs sont tombés dans le piège du ridicule en saisissant toujours à contre-temps et à contre-effet, la justice a bien flairé le piège politique tendu par la poignée de Français qui dénonçaient l'usage de la torture en Algérie : faire un procès à Lindon, ajouter la rédaction de *La Question* aux charges dont Alleg était déjà accablé, reviendrait à faire davantage enquêter sur la véracité des faits dénoncés, à instruire les autres plaintes déposées pour torture, puis à tenir des procès qui serviraient de tribune trop commode aux dénonciateurs. C'est pourquoi le juge militaire qui instruisait l'affaire se garda bien de jamais convoquer Lindon et de clore l'instruction ouverte contre les tortionnaires.

Alleg, par contre, fut bel et bien inculpé pour « *reconstitution de ligue dissoute – le Parti communiste algérien – et atteinte à la sûreté de l'État* », puis condamné au maximum, à Alger même, en juin 1960 : dix ans de prison. Il s'évada de la centrale de Rennes en octobre 1961. Il déjoua une chasse à l'homme qui lui valut alors les honneurs médiatiques dus à tout « ennemi public n° 1 », gagna la Suisse puis la Tchécoslovaquie.

Qu'a-t-on lu de si dangereux dans les cent onze petites pages, imprimées large, de *La Question* ? Non pas tant que des paras en uniforme français avaient humilié, insulté, battu, déshabillé et martyrisé un prisonnier, Henri Alleg, arrêté le 12 juin 1957, passé froidement leur suspect à la « gégène » et à la « baignoire » dans l'immeuble en construction d'El-Biar utilisé par le 1er RCP pour ses interrogatoires. Des sévices de ce genre avaient déjà été révélés et dénoncés, en Algérie comme en métropole. Au printemps 1957, tandis que la police locale et les paras du général Massu avaient engagé la « bataille d'Alger » qui libérera la ville du terrorisme du FNL, liquidera ses chefs et réduira ses soutiens logistiques, une campagne de presse a sonné le glas. Pour obtenir à tout prix et d'urgence du renseignement sur les combattants et les terroristes algériens dans une ville quadrillée et passée au peigne fin, répétèrent *Le Monde* et *L'Humanité*, *L'Express*, *France Observateur* ou *Témoignage chrétien*, les forces de l'ordre torturent systématiquement des suspects, dans le silence complice des autorités civiles.

En vertu des pouvoirs spéciaux, et en plein accord tacite avec le ministre résident, le socialiste Robert Lacoste et le gouvernement de Front républicain lui-même, les militaires usent et abusent des pouvoirs civils de police qui leur ont été délégués : ils ont pris tout pouvoir pour piétiner les principes en broyant les corps. La torture s'inscrit au cœur de la République, sa gangrène pourrit la démocratie et promet des lendemains totalitaires. Hubert Beuve-Méry, dans *Le Monde* du 13 mars 1957, a averti : *« Dès maintenant, les Français doivent savoir qu'ils n'ont plus tout à fait le droit de condamner dans les mêmes termes qu'il y a dix ans les destructions d'Oradour et les tortionnaires de la Gestapo. »*

En avril, *Esprit* a publié « La paix des Nementchas », le terrible témoignage de Robert Bonnaud. D'autres appelés, souvent chrétiens ou communistes, ont témoigné. René Capitant a protesté contre la mort sous la torture de son ancien étudiant, Me Ali Boumendjel. Vercors a repris du service pour décrire, dans *Sur ce rivage*, un ancien déporté devenu tortionnaire.

Puis, à la fin de 1957, les séquelles du terrible été d'Alger ont encore sauté au visage. Des comités d'urgence ont appelé à la conscience et au droit. Le 2 décembre, la Sorbonne s'est honorée en faisant docteur ès sciences un jeune mathématicien communiste de l'université d'Alger, Maurice Audin, « disparu » le 21 juin après avoir été « travaillé » par les hommes de Massu. Alleg l'a croisé dans les antichambres des salles de torture, aussi pantelant que lui : il ne sera pas liquidé vraisemblablement parce que, déjà, l'« affaire Audin » faisait trop de vagues, mais en revanche son témoignage a conforté ceux qui n'avaient pas accepté la disparition de l'universitaire.

Le comité Audin, fondé en novembre et animé par Pierre Vidal-Naquet, va trouver, en effet, dans la quête du cadavre égaré d'Audin une vérité similaire qui claquera dans *L'Affaire Audin*, publié le 12 mai 1958, et à laquelle *La Question* avait apporté *in extremis* son énorme renfort : des policiers, des paras mais aussi d'autres éléments de l'armée chargés de la « protection urbaine » ou du renseignement, des harkis (les « bleus de chauffe ») chargés de surveillances dans la Casbah d'Alger, et même certains activistes civils entêtés de contre-terrorisme et de défense de la civilisation chrétienne, règnent impunément dans leurs propres centres d'interrogatoires, y arrachent du renseignement sous la torture et parfois même liquident certains de leurs prisonniers après usage.

Déjà sont signalés les premiers cas de torture en métropole sur des collecteurs de fonds du FLN, à Lyon, Saint-Nazaire, Argenteuil ou Versailles. Une résistance à la torture, encore minuscule, informelle, écartée des grands médias, a aussitôt senti qu'elle devait prendre forme. Elle est assez vivante pour être autre chose que l'ombre portée de l'action des communistes mobilisant leurs forces et leur presse pour soutenir leurs camarades français et algériens qui ont rejoint ou soutenu le FLN. Surtout, elle contribue à dévoiler les faiblesses internes d'institutions majeures de la République, l'armée et la police. Elle met à jour la cascade des défaillances politiques et des lâchetés individuelles des responsables civils qui ont couvert cette ruine des principes de l'État de droit et qui, en retour, arment déjà dans l'ombre une extrême droite algéroise et métropolitaine prête à renverser le régime après avoir fait bâillonner la presse et la pensée.

Le récit d'Alleg a été perçu aussitôt comme emblématique de ce refus par sa brièveté même, son style nu, sa sècheresse de procès-verbal qui dénonçait nommément les tortionnaires sous des initiales qui ne trompaient personne. Sa tension interne de cri maîtrisé a rendu celui-ci d'autant plus insupportable : l'horreur était dite sur le ton des classiques. Alleg, communiste entré en clandestinité, ancien patron d'*Alger républicain*, tombé dans une souricière installée au domicile même d'Audin, a eu la force de n'y pas dire un mot de propagande communiste, pour mieux tendre à la conscience métropolitaine le miroir des principes bafoués en son nom.

Ce fut bien, rappelle Pierre Vidal-Naquet, *« le premier livre qui a atteint un autre public que celui des militants convaincus »* grâce à la véracité humaine de son écriture, aussi éloignée de l'exagération toujours possible du témoignage isolé que de l'atténuation du « style » léché. Il s'est imposé parce que ce récit de tortures était d'abord la transcription de valeurs en souffrance. Il a pris rang dans la chaîne des œuvres indispensables : celle qui disent tout simplement qu'on en vient à cultiver la peur et la mort dès qu'on a piétiné les valeurs fondatrices.

Qu'importent, au fond, quarante ans plus tard, les péripéties de la bataille politique et de la campagne d'opinion qu'il favorisa et dont les historiens, depuis lors, ont fait le récit minutieux. *La Question* fut un météorite dont l'impact fit tressaillir des consciences bien au-delà des « chers professeurs », des intellectuels et des militants. À l'instar de *J'accuse*, ce livre minuscule a cheminé longtemps. Il est toujours au catalogue de Minuit. Pour 59 francs.

Jean-Pierre Rioux
Le Monde, 27 avril 1998.

CET OUVRAGE A ÉTÉ ACHEVÉ D'IMPRIMER LE VINGT-
DEUX JUILLET DEUX MILLE QUINZE DANS LES
ATELIERS DE NORMANDIE ROTO IMPRESSION S.A.S.
À LONRAI (61250) (FRANCE)
N° D'ÉDITEUR : 5823
N° D'IMPRIMEUR : 1503276

Dépôt légal : août 2015